中国绘画史

徐建融 著

浙江人民美术出版社

吾国自有绘画以来,经先民专心一志之研求,四五千年长期之演进,作手名家,彬彬辈出,或甲先而乙后,或星罗而棋布,各发挥一代之光彩。

民族绘画的发展,对培养民族独立、民族自尊的高尚观念,是有重要意义的。

——潘天寿

目　录

第一章　上古时期的绘画

　　中国传统绘画的发展历史,可以一直追溯到邃古的原始社会,历经夏、商、周、战国、秦而至汉,可以一并归结为上古时期。在这一时期,尽管绘画的技法形式,从不成熟而渐趋成熟,从不完备而渐趋完备,但它的功能目的,始终是作为巫术的道具或礼教的工具,服务于"成教化,助人伦,穷神变,测幽微"①的人类群体精神生活之需求的。

　　艺术的"艺"字,在篆文中写作🜉,土上有木,旁有一人合掌跪拜。土上有木是神社、神祖的象征,所以,上古的艺术活动,实际上是一种巫术的或礼教的祭祀仪式。据《尚书》:"归,格于艺祖,用特。"也就是用牛作牺牲,在神社中进行"艺祖"的活动,从而取得某种君权神授的权势。中国最早的一部字典《说文解字》中,没有"势"字,而以"艺"通假"势";后世历代的开国皇帝,均称为"艺祖",道理正在于此。

　　美术的"美"字,在篆文中写作🜉,也就是一个正面的大人,头戴羊角面具,正在跳巫术的舞蹈。所以,上古的美术活动,实

---

　　①　唐·张彦远《历代名画记》卷一,《画史丛书》本。

际上还是一种巫术的或礼教的祭祀仪式。

而绘画,恰是上古艺术或美术活动的一种主要形式,它通过平面造型的手段,来达到通天格神、诠释礼制的目的,是人类精神生活中不可或缺的教化形式。

今天所能看到的中国最古老的绘画,是距今约 4000—8000年的仰韶彩陶,其分布地区在黄河中上游一带。画在陶器上的图案纹样,有蛇纹、人首蛇身纹、人形纹、人面鱼纹、鱼纹、蛙纹、菟纹、鸟纹、鸟啄鱼纹及各种抽象的几何构成。目前的研究可以明确,这些纹样的出现,并不仅仅只是为了装饰器物的美化需要,更涵有严重的巫术目的,尤与生殖崇拜的交感巫术密切相关,如蛇、鱼、蛙、鸟等,均为上古生殖崇拜的隐喻意象。嗣后青铜艺术及其装饰纹样的渊源,正与彩陶一脉相沿。

夏、商、周三代的绘画,仅见于文献记载,实物大都湮灭无存。相传孔子参观周的明堂,见到壁间画有"尧舜之容,桀纣之像","各有善恶之状"。说明当时的绘画已经从作为器物装饰的束缚中解放出来,而取得了更具独立意义的载体形式。但作为礼教宣传工具的性质,不仅没有改变,反而有所加强,更加明确,因此,作为艺术,它依然不是独立的。直到汉代,在统治者的宫殿中,无不绘有大规模的壁画,从太古到尧舜,再到三代兴亡,凡神话中或历史上国君的贤愚、政事的成败、臣子的忠奸,以及现实生活中的功臣、烈士、贞女、孝子,都被用来进行"恶以诫世,善以示后"的形象宣传教育,礼教的色彩十分浓郁。但这些作品,同样仅见于文献记载,而其实物,则伴随着地面建筑的倾圮亦早已灰飞烟灭了。

　　不过,由于在三代、战国、秦汉的礼教观念中,是生死一体化、视死如视生的,因此,在墓葬的礼仪中,大量的绘画作品被埋入地下,继续为死人提供精神上的服务。千百年后,考古工作的进步使这些作品得以重见天日,同时,也就为我们完整地认识这一时期绘画的观念形态和风格技法,提供了形象的直观资料。

　　出土于湖南长沙的战国帛画《人物龙凤图》和《人物驭龙图》,都是描绘灵魂升天的主题。前图的妇女形象,是"楚王好细腰,宫中多饿死"的真实写照;后图的男子形象,则是《楚辞》中危冠长袍的士人装束。二图均以线描造型,精细绵密,水平极高,相比于彩陶的生拙,已不可同日而语,标志着中国传统绘画风格技法的正式成熟,而开后世"密体"及游丝描之先声。

　　两汉的墓室壁画,是上古绘画遗存中更为珍贵的一笔财富,迄今已发掘的不下数十余处。其题材内容,大体上可以分为四类:

　　第一类是神话传说和鬼神世界的人物故事,如伏羲女娲、东王公、西王母、青龙白虎、朱雀玄武、日月星象、神灵怪异,等等,神仙思想极为浓郁;

　　第二类是历史传说故事,如明主昏君、忠臣奸佞、孝子烈女、荆轲刺秦王、二桃杀三士,等等,礼教的色彩极为鲜明;

　　第三类是现实世界的生活场面,多描绘墓主人生前的功绩德行及豪华的生活排场,如宴饮游猎、乐舞百戏、车马仪仗,等等,同样是浓于礼教的色彩,然更加具体而微;

　　第四类是镇邪升仙的场面,描绘墓主人灵魂升天,以及伴随着灵魂升天所必需的种种傩戏打鬼等巫术仪式，作为沟通天人世界的中介环节，同样散发着浓郁的神仙思想。

综观这四类汉画题材，礼教与神仙思想相辅并行，天上与人间同形同构的一体化观念，尤其是汉人一往无前、以天下为己任的事功精神，获得了淋漓尽致的形象展现，真可以"比雅颂之述作，美大业之芳馨"，而与"宣物莫大于言"的六籍经典，具有同等的教化之功。

在艺术作风上，则一变战国帛画精细写实的风格，而倾向于追求整体动势、不求细节模拟的粗线条、大效果，以气势与古拙的完美统一，创造出雄深雅健的美学典范。当时人对于绘画的要求，集中反映在刘安《淮南子》中所提出的"君形"和"谨毛失貌"这两个观点中：

> 画西施之面，美而不可说；规孟贲之目，大而不可畏——君形者亡焉。

> 寻常之外，画者谨毛而失貌。①

"面"和"目"，也就是对象的外在面貌，"君形者"，则是对象的内在精神；"毛"，就是对象的细节，"貌"，则是对象的整体。很显然，刘安反对表面形象的细节刻画，而要求从整体上去把握对象的内在精神。这一段话，不仅是汉代绘画与战国绘画的分界，也是汉代绘画与魏晋绘画的分界。反映在具体的作品中，如内蒙古和林格尔的东汉墓壁画，人物形象的描绘，圆浑充溢如气

---

① 汉·刘安《淮南子》"说山训""说林训"，《诸子集成》本。

球,四肢的动作飞扬开张,而五官细节则一笔带过;洛阳烧沟、八里台、卜千秋等西汉墓壁画,以及辽宁营城子的东汉墓壁画,人物的描绘均以粗笔重墨勾勒而成,简略而又奔放,离披缺落之间,愈显气势的咄咄逼人,水平之高超,足以穷神极态,而开后世"疏体"及兰叶描之先声。

第二章　魏晋南北朝的绘画

魏晋南北朝是一个礼教崩坏的时代,战乱的不断,政权的更迭,严重地破坏了社会经济的正常发展,同时也动摇了三代、战国、秦汉以来一以贯之的人生价值观念。取代礼教而蔚然兴起的意识形态,主要有两种,一种是因文人士大夫个体意识觉醒而产生的人文精神,由此而导致了士大夫绘画的独立;另一种是佛教的全面铺开,由此而导致了佛教绘画的隆盛及西域画风的传来。

当时的社会状况,使得不少士大夫在礼教的事功活动中付出了生命的代价,经受了血的洗礼,使他们觉悟到"达则兼济天下"的道路已经阻绝,于是转向"穷则独善其身",奉行玄学和清谈,追求个体的超然和自适。这一新的时代精神,标志着中国古代人文精神的自觉和独立,在文化史上被称为"魏晋风度"。其代表人物如竹林七贤,他们纵酒放诞、肆无忌惮的种种行径,完全打破了礼教的行为规范;嗣后,东晋的陶渊明更因"不愿为五斗米折腰向乡里小儿",而高唱"归去来"以栖隐"世外桃源"。

陶渊明虽然不是一位画家,但他的"归去来"思想,却足以代表当时、后世中国文人画的基本思想倾向。"归去来"的最终归宿是"世外桃源",但"世外桃源"并不存在于现实的世界,而是存在于心灵的世界、艺术的世界之中。因此，当时的不少文人士大夫，在现实的世界中痛感"行路难"以后，便在绘画领域中开辟出可以"归去来"的"世外桃源"，用以安顿个体的心灵。

文人士大夫介入绘画创作的意义，首先在于它极大地提升了绘画的文化品位，使得本来属于工匠之事的雕虫小技，从此成为士大夫的修身养性之道，无名的绘画史，从此成为有名的、更为著名画家的绘画史。其次，还在于它导致了绘画创作的功能目的、题材内容、技法形式的相应变化，使以往作为礼教工具的绘画，从此成为畅神适意的自娱形式，标志着绘画摆脱功利的羁绊，成为独立、纯粹的审美艺术的开端，与宋元以后文人画"写胸中逸气"的标榜遥相呼应。从而，在题材内容方面，开始青睐于隐逸、高士、山水的超尘脱俗，与汉代以前的热衷于忠臣、烈士藩篱大撤；在技法形式方面，也更注重于精致、流丽、潇洒的形式美感，与汉代以前倾向于气势、古拙判然异趣。宋元以后成为中国绘画史正宗和大宗的文人画，在这里已经初露端倪。

这一时期最负盛名的大画家，是东晋的顾恺之（348—409），字长康，小名虎头，晋陵（今江苏无锡）人。他出身官僚贵族，但对政治不感兴趣，而是沉浸于文学艺术的创作之中全身避害，有"三绝"之称：博学多艺、才华横溢为"才绝"；情性率真、超越世俗为"痴绝"；"苍生以来，未之有也"为"画绝"。

他对于绘画颇有研究，提出了不少在绘画史上具有深远影响的理论观点，其中最重要的莫过于"传神"。为了"传神"，他特别强调细节的描写，曾提出："写自颈已上……若长短、刚软、深

浅、广狭与点睛之节,上下、大小、酏薄有一毫小失,则神气与之
俱变矣。"①因此,他为人画像,往往数年不点睛目,说是:"四体
妍媸,本无关于妙处,传神写照,正在阿堵中。"②意思是身体四
肢画得好一点或差一点都无所谓,传神的成功与否,关键是在瞳
孔的一点上面。这些观点,与汉代绘画注重整体动势、忽略细节
描绘的理论和实践,正好形成鲜明的反差。

顾恺之的画风,笔意如春云浮空,流水行地,线描则用高古
游丝描,紧劲连绵,循环超忽,调格逸易,如同春蚕吐丝。这种画
法,与战国的帛画作风相近,但在艺术的表观上,显然是更加精
细绵密了,用它来描绘当时士大夫的丝质衣袍和脱俗风神,无疑
是非常合拍的。

顾恺之曾画过不少历史上或现实中的高士像,如《古贤荣启
期夫子》《中朝名士图》《谢安像》,等等,无非是借他人的酒杯,浇
自己胸中的块垒,可惜都已经失传了。传世的《女史箴图》卷、
《洛神赋图》卷等,已经不是他的真迹,而是出于后人的摹本,但
从中多少可以窥见他的画风特色和艺术成就。

《女史箴图》卷是根据西晋张华所写的《女史箴》一文创作而
成的,其内容是教育贵族妇女如何做人的道德和经验,同时也列
举了历史上的一些妇女事迹,作为借鉴的榜样。在某种程度上,
延伸了汉画"成教化,助人伦"的传统;但画法精湛,勾勒周详,作

---

① 晋·顾恺之《魏晋胜流画赞》,转引自唐·张彦远《历代名画记》卷五。
② 宋·刘义庆《世说新语》"巧艺第二十一",《诸子集成》本。

风细腻,形神兼备,已与汉画的粗犷奔放迥然而异。

《洛神赋图》卷是根据汉末曹植的《洛神赋》一文创作而成的,一种"美人香草"之思,反映了画家对现实的不满,对理想的憧憬,足以代表魏晋时代个体意识觉醒的人文精神。画面从曹植在洛水边见到洛神开始,到洛神飘然离去为止,"遗情想象,顾望怀愁",交织着如怨如慕、如梦如幻的欢乐与惆怅、向往与失落。全卷构图相连,山水起伏,林木掩映,人物随着赋意的铺陈重复出现,将时间和空间打成一片。衣纹形象的描绘用游丝描,平心静气的细腻舒展,与《女史箴图》完全一致。树木的造型如伸臂布指,人大于山,水不容泛,反映了山水作为人物背景的稚拙状态。

又有宋的陆探微和梁的张僧繇,与顾恺之齐名,画史上合称"六朝三大家"。当时的评论界认为:顾的绘画能得对象之神,陆的绘画能得对象之骨,张的绘画能得对象之肉。遗憾的是,陆、张二人的画迹,连后人的摹本也不曾流传下来。而根据文献的记载,陆探微的绘画注重用笔的骨力,造型则清癯瘦削,有"秀骨清像"之称;张僧繇的绘画则借鉴西域的技法,注重色彩的凹凸渲染,被称为"没骨法"。"六朝三大家"再加上唐代的吴道子,又合称"画家四祖"。四祖中,顾、陆均以线描精细紧密著称,号称"密体",而张、吴则以用笔奔放疏落见长,号称"疏体"。无论"密体"还是"疏体",从技法性质上说,都是属于正规的画法,对于"归去来"的心境描写,并不是融洽无间的。这就使得从这一时期直到唐代的士大夫绘画,表现为一种心境超前于技法即所谓

"迹不逮意"的特点,我们称之为"前文人画"。

作为前文人画的代表画家,还有三位值得一提。一位是宋的宗炳,字少文,南阳(今属河南省)人,他无意于仕进,性好琴书,放意山水,并曾遍游各地的名山大川,长期栖隐衡山,老年后因体衰多病,不能外出,于是将所曾游历过的山水胜景,用画笔描绘下来,挂在家中的墙壁间,每天坐卧其下,"卧游"其间,"畅神"适意,"澄怀观道"。另一位是宋的王微,字景元,临沂(今属山东省)人,也是一位宗炳式的隐士,通过模山范水来提升自己的精神境界,自谓"望秋云,神飞扬,临春风,思浩荡"。宗、王二人对于山水画所应涵有的人文精神,已经取得了十分完美的理解,但他们在技法的表现方面,是否也达到了相应的境界? 由于二人均无画迹流传下来,所以不得而知。而结合这一时期的其他相关材料来分析,应该也是不够成熟的,与人物画一样,处于心境超前于技法的阶段。

第三位画家是齐的谢赫,出身世族名门,是东晋谢安的后代。他在绘画史上的最大贡献,是撰写了一篇绘画批评的专著《古画品录》,并提出了"六法"的准则,千百年来被奉为中国传统绘画创作和批评的金科玉律。所谓"六法",一是"气韵生动",大体上是指一幅绘画创作完成之后的总体氛围,必须有一种生气勃勃的精神洋溢其中;二是"骨法用笔",大体上是指线描用笔必须有骨气力量,像写书法那样干脆利落;三是"应物象形",也就是形象的描绘应合于客观生活的真实性;四是"随类赋彩",则特别提出在色彩表现方面达到"应物象形"的问题;五是"经营位置"，也就是画面的构思、布局和章法；六是"传移模写"，系指将稿本复制到正式创作的绢素或壁面上去的技巧问题，包括学习、模仿前人优秀图式的传统修养问题。

"六法"的提出，在中国绘画史上具有划时代的意义。它标志着绘画真正成为一门独立的艺术而获得士大夫的认同和研究，而艺术之所以为艺术，不仅仅需要内容与形式的统一，更应该是形式大于内容。内容可以通过观念的转变而迅速地捕捉到，形式却需要长期的积累和实践才能逐步地完善起来。由谢赫"六法"论所反映出来的魏晋南北朝士大夫画家对于技法形式的热衷，实际上正说明了伴随着功能目的的转变和题材内容的改换，迫切地需要对于技法形式问题进行同步的探索以与之相匹配。

作为对礼教的反拨，人文精神的觉醒主要局限于少数文人士大夫之间，尤其是江南的士大夫之间；佛教的信仰却广泛地普及到了整个中国的社会各阶层，包括那些文人士大夫，也对玄学和佛教兼收并蓄，并用以怀疑人生、解释人生、超越人生。由于佛教是一种"像教"，也就是注重形象的说教，所以伴随着佛教的风行，佛教绘画也蔚然勃兴，与士大夫绘画共同构成礼教绘画崩溃后，魏晋南北朝绘画史上两大最辉煌的创造。但二者又有所不同，首先，士大夫绘画是一种独立的艺术形式；佛教绘画则是作为佛教宣传的工具，就功能而言，与汉画作为礼教宣传工具的性质并无不同，只是所宣传的内容有所不同而已。其次，士大夫绘画对于技法形式的表现，尚处于一种逐步探索的过程之中，大多数画家，甚至包括顾恺之等大画家的创作，往往也是"迹不逮意"，在技法的表现方面，未能完美地传达出心境的超逸；而佛教绘画早在传入中国之前，便在印度本土积累了丰厚的传统，所以，一经传入中国，作为直接延续外来艺术传统的成果，便以高度成熟的形态呈现在人们的面前。所谓"延续"，主要是指它较多地保存了西域文化的影响而言。事实上，在任何形式的文化交流中，一种文化对于另一种文化的接受总是有条件的，总是需要根据此时此地本民族的文化心理加以适当的改造，从而创造出一种以本民族文化为基础的新文化。佛教绘画在中国的隆兴过程，始终是伴随着外来文化的民族化而展开的。只是这一民族化的进程，要等到唐代才正式完成。

魏晋南北朝的佛教绘画，在南方，主要是以寺院为中心而展开的，如顾恺之就曾为瓦棺寺画过维摩诘像，一种"清羸示病之容，隐几忘言之状"，颇有江南名士的林下之风，与西域的风情显然不同。但是，由于古代建筑的毁灭，这些作品大多没有能够保存下来。而在北方，则主要是以石窟为中心而展开的，尽管经历了千百年人为和自然的破坏，但由于石窟本身经得起岁月的磨蚀，所以，还是有大量的作品有幸留存至今。其中，尤以敦煌莫高窟的壁画，规模最大，艺术水平也最高，足以提供我们对于这一时期佛教绘画东西交融、华夷互变认识的形象启示。

莫高窟的佛教壁画，以佛教故事、本生故事、因缘故事为三大主题，所描绘的是流血、牺牲和苦难。这些苦难，显然是当时社会现实苦难的折射，借以宣扬佛教"人生皆苦""四大皆空"的思想,诱导人们皈依佛教以获得灵魂的拯救。

　　佛教故事主要宣扬释迦牟尼的生平事迹。如 290 窟的壁画,用顺序式的结构连续地展现了释迦牟尼从乘象入胎、树下降生直到离宫出走、苦修成佛一生经历的全部情节。本生故事主要宣扬释迦牟尼前生数世舍己救人的事迹。如 428 窟、254 窟的壁画,分别用连环式和独幅式描绘萨埵那太子舍生饲虎的故事。因缘故事主要宣扬与佛有关的度化事迹,如 285 窟的得眼林故事,用长卷的方式描绘五百强盗杀人无算,被处以挖眼的酷刑,放入山林后悲天嚎地,佛以香药使他们复明,并为之说法,五百强盗从此放下屠刀,皈依佛门。诸如此类的故事,无非是从正面或反面所做的现身说法,引导观者信徒从现实的苦难之中超脱出去。

　　从画法来看,既有典型的西域作风,如 263、285 诸窟的胁侍菩萨像、诸天像,人物形体丰满健硕,铁线描精劲挺拔,赋色则凹凸分明;又有中国的传统作风,如同为 285 窟的菩萨像,骨秀神清,萧散疏朗,俨然有南朝士大夫的林下之风;又如 249 窟的狩猎图、285 窟的射猎图、290 窟的驯马图,粗放奔肆的线描,古拙而有气势的形象,则与汉画的作风波澜相沿。

第三章　隋唐的绘画

　　隋、唐的统治,结束了中国历史 370 年南北分裂的动乱局面。特别是唐太宗李世民的"贞观之治",使人民获得休养生息,社会生产力迅速提高,形成思想的活跃和自由,中外文化交流的频繁和文学艺术的繁荣;到了唐玄宗李隆基的开元年间,更达到巅峰状态,历史上称为"开元盛世",也是整个中国上历史最强大、最隆盛的时期,俨然成为当时世界政治、经济、文化的中心。在这样的社会形势下,传统绘画的发展也迎来了郁郁乎盛的局面。

　　在政治史上,汉、唐是并称的;在文化艺术史(包括绘画史)上,汉、唐同样不妨相提并论。不过,唐文化毕竟与汉文化相隔了 400 多年的时间,它毕竟是魏晋南北朝人文觉醒的废墟上建立起来的,而不是在三代礼教的基础上建立起来的,这就不能不使它与汉文化有所区别。如果说,汉文化包括汉画的特色是"雄深雅健",那么,唐文化包括唐画的特色不妨用"辉煌灿烂"四个字加以概括。雄深雅健带有一种初生牛犊不怕虎的少年意气,而辉煌灿烂则带有一种如日中天的壮年豪情。确实,经历了数百年动乱和苦难的洗礼,中国文化包括中国绘画变得更加成熟了。这种文化上的成熟，从著名的诗人岑参的一首《逢入京使》中可以看得相当清楚：

故园东望路漫漫，双袖龙钟泪不干；

马上相逢无纸笔，凭君传语报平安。

一面是戎马边塞的豪情，一面却是对家园的深深眷恋。这与汉人"匈奴未灭，何以家为"的一往无前、义无反顾，其间的差异是不言而喻的。这种差异，便在于它兼取了晋人"归去来"的个体意识觉醒的人文价值取向。所以，更确切地说，唐人的心态是介于汉人的意气和魏晋的风度之间的，也就是介于事功和隐逸之间的。这种心态反映在绘画创作方面，便形成三大特点，其一是礼教绘画的复兴，其二是宫廷绘画的玩赏化，其三是文人绘画的深化。

礼教绘画的复兴，主要体现在唐代前期，各种由统治者直接组织的绘画创作活动，如功臣图、帝王图，等等，均系作为"成教化，助人伦"的政治宣传工具，取得了突出的成绩。

然而，隋、唐两代统治者中励精图治的有之，安图豫逸的也有之，尤其是盛唐以后，社会上层普遍沉湎于声色享乐之中，政教绘画逐渐式微，宫廷绘画创作随之呈现出玩赏化的趋势，而陶醉于绮罗仕女、青山绿水、鸟语花香之中。这一趋势，到了五代、两宋达到了登峰造极。

文人绘画的深化，主要体现于唐代后期。经过"安史之乱"之后，大部分文人士大夫又对政治和事功失去信心，转而栖隐田园，超然世外，而绘画正成为他们"独善其身"的精神依托。但不同于魏晋文人士夫画的是,唐代的文人士大夫画家,开始自觉地探索最适合于个体意识觉醒的水墨形式,从而"逸"出了画工画的技法规范,使心境与表现逐步取得合拍,当时人称之为"格外不拘常法"的"逸品"。① 尽管这种技法形式还不太成熟,但对它的探索毕竟标志着文人绘画的更加深化,从而为五代、两宋文人画的正宗化和元代文人画的鼎盛,并从此之后成为传统绘画的主流,准备了必要的条件。

除上述三大特点之外,由于隋、唐两代,各种宗教,尤其是佛教的发展,在装点修饰的氛围中受到全社会的崇敬而蒸蒸发达,佛教绘画也继续获得进一步的发展而达于鼎盛的巅峰,更加集中地反映了唐代绘画辉煌灿烂的时代精神。佛教和佛教绘画在中国的传播,是中外文化交流的一个成果,魏晋南北朝如此,隋唐同样如此。但是,魏晋南北朝的佛教绘画,外来的迹象还比较明显,隋尤其是唐的佛教绘画,则最终消化了外来的因素,确立了中国自己的民族形式。

综观隋唐的绘画,具有多方面的功能性质,既有用于政治礼教宣传的,也有用于宗教宣传的;既有适应宫廷贵族玩赏需要的,也有用于隐逸文人自娱需要的。从题材内容来看,则以道释人物画为主导,并开始出现了人物、山水、花鸟分科独立的趋势。特别是人物画的创作,恢宏大度的形象,空实明快的线条,辉煌灿烂的色彩,无不具有卓越的艺术成就,为后世所难以企及。

---

① 唐·朱景玄《唐朝名画录·序》,《画品丛书》本。

这方面的代表画家，首推阎立本(约 601—673)，雍州万年(今陕西临潼)人，唐太宗李世民的御用画家，官至刑部侍郎，位居宰相。他的大部分作品，都是遵奉唐太宗的旨意而创作的，如《秦府十八学士图》《凌烟阁功臣图》，等等，无不是歌功颂德、劝善惩恶的宣传工具，所谓"昭盛德之事""传既往之踪"，为维护统治者的政权而服务，与汉代的礼教绘画一脉相承。然而，其艺术的作风却是从六朝而来的，受张僧繇的影响尤深。传世作品有《步辇图》《历代帝王图》等。《步辇图》卷描绘贞观十四年(640)吐蕃(今西藏)赞普松赞干布派使者禄东赞入长安见唐太宗，迎娶文成公主的故事，形象地记载了汉藏两族和同一家的重大历史政治事件。画面上，唐太宗雍容威严而又温和，禄东赞风尘仆仆而又彬彬有礼，线描浑健坚劲，赋色沉着深厚，充分注意不同人物的身份地位和性格特点，通过服饰、举止、容貌神情的区别，给予鲜明得体的处理。《历代帝王图》卷则分段描绘两汉至隋代的十三位帝王像，凡开国创业的英明君主，重在表现他们的貌宇堂堂，凡丧权辱国的昏庸君主，重在表现他们的萎靡不振，其政治鉴戒的意图，再也清楚不过。

吴道子(约 685—758)，又名道玄，河南禹县人。他出身下层，少年时浪迹天涯，以作画为生。后来唐玄宗李隆基慕名将他召进宫中，成为宫廷御用画师。一生主要从事宗教绘画的创作，仅长安、洛阳两京所画的寺观壁画，就达三百余堵，在推动外来佛教绘画的民族化，确立传统绘画的民族形式方面，做出了杰出的贡献，苏轼曾表示："画至于吴道子，而古今之变，天下之能事毕矣！"①后世把他与顾恺之、陆探微、张僧繇并称"画家四祖"，更有以他为千古一人的"画圣"的，千百年来，备受尊崇。

吴道子的佛教绘画，成为当时、后世的一种标准和法式，画史上称为"吴家样"，学它的人非常之多，并被广泛地运用于佛教题材之外的人物画创作之中。所谓"吴家样"的特点，具体表现在三个方面。首先，在于人物的形象，完全摆脱了外来的胡貌梵相，而代之以唐代社会现实生活中各阶层的真实人物为模特儿，从而给中国的观者以更亲切的审美感受。其次，其笔墨的样式属于以少胜多、以简驭繁、"笔不周而意周"的"疏体"，完全不同于顾恺之精细紧密的游丝描，而是粗细、轻重、快慢、顿挫、转折多样变化而又和谐统一的兰叶描，近似于汉画的作风。用这种磊落挥霍的飞动笔势所画出的衣纹，有一种迎风飘举之势。而在此之前，佛教绘画以北齐的曹仲达为标准样式，恪守西域的外来作风，所作人物衣纹流线紧贴身体，好像刚刚从水中爬起来一样。吴道子的线描，正好与之形成鲜明的对比，所以，画史上称为"曹衣出水，吴带当风"。第三，为了强调线描的表现力，吴道子又相对地减弱了色彩的运用，仅以清淡的色彩轻晕薄染，画史上称为"吴装"。在"吴装"的基础上进一步淡化色彩，便成为"白描"的形式。这一形式，在吴道子之前仅仅被用作打草稿的粉本，而从吴道子开始，逐渐取得了独立的意义，进而到宋代的李

---

① 宋·苏轼《苏东坡集》前集卷二十三《书吴道子画后》，商务印书馆重印本。

公麟,便把白描发展成了一种正式的创作形式。

吴道子的真迹久已失传。传世《送子天王图》卷出于宋人的摹本,但较好地保存了吴的画风特点。如图中净饭王、摩耶夫人等的形象、服饰,大都是唐代上层贵族的写照,白描衣纹有粗细转折的变化,宽袍大袖,天衣飞扬,确实有"吴带当风"的神采。

此外,在敦煌莫高窟的唐代壁画中,也可以看出吴道子画风的影响,如103窟的《维摩诘经变》,笔势流畅,色彩简淡,人物须眉奋张,精神气魄雄放,无不与吴道子的画风相合拍。据文献记载,唐代佛画奉吴道子为典范,那么,他的画风传到西陲,并非不可理解。

需要指出的是,这种雄放简淡的画风,早在吴道子之前,长安京城一些帝王贵族的墓室壁画中就已有所运用,如今天已发掘出来的武则天时期的懿德太子墓壁画、永泰公主墓壁画、章怀太子墓壁画,等等,都可以见到疏、密二体并存于一室的情况。由此足以窥见,唐代绘画对于汉代绘画和魏晋南北朝绘画传统的兼收并蓄,到了吴道子,终于成功地发展、完善了疏放的一路,成为绘画史上一大创造性的贡献。所谓"知者创物,能者述焉,非一人而成也",任何一种伟大的创造,都不是单靠某一个伟人的力量所能完成的,在他之前和之后,必然有一大批人在以各自的辛勤和智慧为他作着必要的准备和延展。他们的贡献同样值得我们珍视。

即以莫高窟的壁画而论,虽然都是出于无名匠师之手,但它们所达到的成就,并不在那些著名的画家之下,而足以彪炳百世。

隋唐的莫高窟壁画,其数量约占全部遗存的一半以上,其取材以经变画为主,而故事画明显减少。所谓"经变画",也就是把佛经的文字内容变换为形象直观的图画。从广义的角度,故事画也属于经变画,但隋唐的经变画系指其狭义而言,主要描绘佛经所记载的佛国天堂净土景象。我们知道,魏晋南北朝的故事画,表现了苦难的主题思想,折射了动荡的社会现实;隋唐的经变画,则旨在表现光明的主题思想,反映了国富民强、欣欣向荣的时代精神。各种"西方净土变""东方净土变""弥勒净土变""法华经变""宝雨经变",等等,其主要的构成形式,都是中央大佛高坐莲花台上说法,周围有高楼广厦、鲜花宝树,天空有飞天散花、彩云缭绕,两侧有菩萨、声闻,庭前有伎乐歌舞,此外还有莲花盛开、华鸭戏水、童子化生,等等,一派珠光宝气,极其辉煌灿烂,备极妙曼庄严。场面的浩大,景物的繁缛,线描的空实明快,色彩的富丽堂皇,作为当时社会现实的神化,既是佛国的诸神来到世间参与、分享人类的欢乐和幸福,而人类也得以向往净土,去参与、分享佛的"最高神仙福分"。这样,牺牲的宗教便变成了豫逸享乐的宗教,与此同时,事功的政治也正在变成豫逸享乐的政治。

这种豫逸享乐的风气,在韩幹的鞍马画和张萱、周昉的绮罗仕女画中表现得最为明显。

韩幹(约724—785),长安(今陕西西安)人。他与吴道子一样,本来也是一个下层的画工,后来进入宫廷成为唐玄宗的御用画师。其时正当开元盛世,因西北的武功而源源不断地贡入内厩的良马多至四十万匹，被用于装点修饰、声色享乐的需要，并经常颁令画家摹写，而以韩幹最负盛名。传世《照夜白图》卷、《牧马图》册等，以挺劲、修长而富于弹性和力度的铁线勾勒而成，真实地表现了对象的立体感和生命感。膘肥体壮的骏马，或不甘驯服，或已被驯服，本来是"万里可横行"的战骑，如今却成了帝王阶下的玩物。画家以精湛的艺能，不只为马传神，多少也透露出了社会的一种风气。

张萱，京兆（今陕西西安）人，活动于开元、天宝年间。当时，统治阶层已普遍地沉湎于歌舞升平之中。大诗人杜甫曾在《丽人行》中描写唐玄宗所宠幸的杨贵妃姐妹的荒淫骄纵；张萱的《虢国夫人游春图》卷则以绘画的形式形象地展现了这一"丽人行"的场面。画面上，杨贵妃姐妹及侍从共九人，分乘八匹高头骏马，浓妆冶服，精彩绝艳，把贵妇人们玩赏春光的煊赫排场渲染得淋漓尽致。画卷线描精湛，极其空实明快；色彩华丽；极其辉煌灿烂；鞍马膘肥体壮，与韩幹的画马完全一致；人物的形象丰肌硕体，与魏晋南北朝崇尚清瘦的秀骨清像迥然相异。

周昉，字仲郎、景玄，长安（今陕西西安）人，活动于大历、贞元年间。是继张萱之后最有名的一位绮罗人物画家。他出身于贵族家庭，所交游的，都是"贵而美"的人物，成为其创作的生活依据。传世作品《簪花仕女图》卷，所描绘的正是当时那些贵族妇女饱食终日，无所事事的闲情逸致。流利飘逸的线描，与浓艳鲜丽的色彩交相辉映，和谐统一，交织着富丽堂皇的气氛和明快活泼的情调，提供了人们以赏心悦目的唯美享受。

"安史之乱"破灭了统治者醉生梦死、歌舞升平的梦幻之后，面对战争的频仍、政治的危机、百姓的涂炭和官场的腐败，曾任两浙节度使、右相等显赫职位的韩滉(723—787)极思有所作为。他字太冲，长安(今陕西西安)人，励精图治之余，钻研书画，多写田家风俗、人物水牛，这与他一贯提倡农桑的施政经历是密切相关的。传世作品《五牛图》卷，用简劲松动的笔墨和粗重生辣的线条勾勒耕牛的形体结构，再以淡雅自然的色彩渲染筋骨肌体的凹凸和质感、光感，真实生动而又传神。整个风格，深厚、朴实、隽秀、高华兼而有之，不愧是"神气磊落"的"稀世名笔"。

活动于广明年间的孙位又名孙遇，会稽(今浙江绍兴)人，则是一位隐逸的文人。他的画风直接魏晋的传统，超然世外，独抒性灵，成为中国绘画史上第一位"逸格"画家，奠定了文人绘画深化的重要基石。传世《高逸图》卷，分段描绘文士四人，席地而坐，几位童子侍立旁侧。此图实际上是《竹林七贤图》的一部分，四人分别为阮籍、王戎、刘伶、山涛，画家为他们画像，显然是寄托了自己的怀抱。从艺术上来分析，不仅人物形神的刻画惟妙惟肖，树石背景的描绘也完备成熟，反映了当时山水、花鸟画的发展水平，一旦从人物的背景中脱离出来，便足以独立成科了。

事实上，隋唐的山水、花鸟画，虽属初创，但成就也是相当可观的，涌现出了不少重要的画家。尤其是山水画科中的"二李"和王维，更被后世奉为"南北二宗"的开山，分别代表了宫廷贵族和隐逸文人对于山水画的不同玩赏倾向。

"二李"的前导是展子虔(约550—604)，历北齐、北周而至隋，受到隋文帝的器重，任期散大夫、帐内都督，曾在长安、洛阳等地的寺院画过许多壁画，可惜均已湮灭无存了。不过，他在绘画史上被人们称说不休的，并不在于他的寺观壁画，而在于他的山水画。

我们知道，作为文人绘画的一个重要成果，从魏晋南北朝开始，山水画开始逐渐脱离人物的背景，以其特有的林泉高致，获得了相对独立的"畅神"地位。但在当时，技法表现还很不成熟，尤其是人物与山水之间的比例关系、空间的远近透视、树木的形态处理等等，都很幼稚而不够协调。所谓"魏晋以降，名迹在人间者皆见之矣。其画山水，则群峰之势若钿饰犀栉，或水不容泛，或人大于山，率皆附以树石，映带其地，列植之状，则若伸臂布指"。[1] 早期山水画的这种稚拙性，从顾恺之的《洛神赋图》卷中也可见一斑。

展子虔的山水画，从思想意识上来看，与魏晋的文人绘画是无缘的；但是，从表现技法来看，却较魏晋有了明显的发展，促使了山水画艺术形式的成熟。可以作为标志的，便是他的不朽名作《游春图》卷。

《游春图》画卷生动地描绘了明媚的春光和士人们在青山秀水中纵情游乐的情景。人物和山水有了恰当的比例，远近的透视也处理得较好，渐远渐虚，咫尺千里，树木的形态，则开始突破了"伸臂布指"的状态，有一定的写实性。在技法上，以细线勾

---

[1]　唐·张彦远《历代名画记》卷一《论画山水树石》，《画史丛书》本。

描,不施皴笔,为了强调青山绿水的明丽,在色彩运用上突出了青绿色的主调,人物则直接用粉点染,富于装饰的意匠。这一切,给予嗣后李思训、李昭道父子的画派以重大的影响,而展子虔,也因此而被誉为"唐画之祖"。

李思训(651—716),字建,唐朝宗室,官至右武卫大将军,人称"大李将军"。其子李昭道,官中书舍人,人称"小李将军"。父子并称"二李",均擅长青绿山水,明代董其昌尊为"北宗"之祖。二李的山水,在继承展子虔画风的基础上更加细密精致,用色更加典丽堂皇,穷工极艳,金碧辉映,一画之成,往往累数月之功。所画"笔格遒劲,湍濑潺湲,云霞缥缈,时睹神仙之事"。"天上神仙府,定是人间帝主家",所谓"神仙之事",其实正是宫廷富贵生活的真实写照,由此而成为宫廷绘画玩赏化的标志。

二李的画迹,均没有流传下来。传世《江帆楼阁图》轴传为大李之笔,《明皇幸蜀图》轴、《春山游骑图》轴传为小李之笔,其实都是后人的摹本甚或托名之作。从这几幅画来看,景物的铺陈虽有向写实方面靠近的迹象,但仍不脱古拙的形态,色彩的赋施,亦以装饰的意匠见长。

与"二李"对峙于山水画史的王维(698—759),字摩诘,山西太原人,官至尚书右丞,人称"王右丞"。他于"安史之乱"后栖隐蓝田,信仰佛教,工诗文,作风中和平淡,被公认为是隐逸诗人的典范;余事作山水,喜欢用水墨的渲淡来展现内心世界的精神阴影,画中有诗,意境深邃。明代董其昌尊为"南宗"之祖,其画是唐代文人绘画深化的典型,中国绘画史上文人山水的旗帜。他的画迹，一件也没流传下来，但其"诗中有画，画中有诗"的高致，则为后人称说不休。

王维之外，画文人水墨山水画的重要画家还有张璪，字文通，吴郡(今江苏苏州)人。活动于上元年间，曾官检校祠部员外郎，因事贬逐边远，在政治上颇不得意。擅画山水松石，好用水墨，不施五彩。每当作画之际，则遗去机巧，意冥玄化，孤姿绝状，触毫而出，完全不受正规画法的拘束。他曾向人自述经验，说是"外师造化，中得心源"，意在通过"澄怀观道"而同化物我，后世山水画家奉为圭臬。

花鸟画的名家，前期有薛稷(649—713)，字嗣通，河东汾阳(今山西荣河)人，曾官参知政事，封晋国公。工书法，擅画鹤。后期有边鸾，京兆(今陕西西安)人，贞元年间官右卫长史，奉诏画折枝、孔翠，冠绝于代。据文献记载，二人均以工笔设色的画体见长，适合于宫廷贵族的欣赏口味，五代西蜀黄筌受他们的影响，进而发展为"富贵"的作风，极受统治阶层的青睐。

第四章　五代、两宋的绘画

　　五代时期，中原战争频繁，艺苑黯然失色。唯有长江上游的西蜀和下游的南唐，基本上不受战争的干扰，两地的自然经济得天独厚，两国的君主又雅好文艺，所以，在继承唐代传统的基础上，绘画艺术得以继续发展，同时也为宋代绘画的高度繁荣准备了条件。在西蜀、南唐的艺术活动中，最引人注目的一件事，是由政府专门建立了官方的绘画创作机构"翰林图画院"，一时高手云集，争奇斗艳，无论在人物、山水还是花鸟画方面，都做出了开创性的贡献。

　　两宋的政治，以崇文抑武为基本的国策。这一国策，使宋王朝在对外关系方面处于被动挨打的屈辱局面，但对内，却因此而保持了长达数百年的稳定局势，促进了社会经济的发达，迎来了文化艺术的全面繁荣。反映在绘画方面，宋朝统治者从一开始就沿袭了西蜀、南唐的翰林图画院制度，网罗全国各地的优秀画家进入宫廷，根据他们的才艺授予相应的官职，并组织他们进行各种创作活动。从某种意义上说，宋代的宫廷画院是当时绘画创作的一个中心，宫廷之外的许多绘画活动，大多也是围绕着这一中心而展开的。但是，与唐代的宫廷绘画创作不同，两宋包括西蜀、南唐的宫廷绘画创作，不仅有了更完备的组织机制，而且，其创作的目的，基本上不强调"助教化，成人伦"的政治宣传作用，而是更注重于绘画作为纯艺术的审美娱悦作用。对此，我们称之为政教绘画的式微和宫廷绘画的玩赏化倾向。这一倾向，早在中唐以后的宫廷绘画创作中已经有所反映，而到五代、两宋则达到了高潮。由此正折射出中国封建礼教的政治已经走上了下坡路，汉、唐那种宏伟全盛的时代，已经一去不复返了。

在政教绘画式微、宫廷绘画玩赏化的同时，宗教（主要是佛教）绘画也失去了其原先的神圣庄严，而表现出世俗化的倾向。虽然，从广义上说，唐代的佛教绘画也有世俗化的倾向，但它的倾向乃是以贵族化为特征的，所谓"当今天子即是如来""菩萨如宫娃"，也就是以上层贵族的形象作为塑造宗教神灵的模特儿。而五代、两宋宗教绘画世俗化的倾向，则是以平民化为特征的，所谓"众生皆有佛性"，也就是以日常生活中的普通老百姓作为塑造宗教神灵的模特儿。前者仍不失其神圣性，后者则无复其庄严之可言了。无疑，这就使得宗教绘画的世俗化取得了更加普泛的含义。

宋朝党争激烈，大批失意的文人士大夫，纷纷投身到绘画的创作中来，使文人绘画的发展取得了正宗化的地位，足以与宫廷画院的创作分庭抗礼，成为中国绘画史上又一具有划时代意义的人文景观。虽然，魏晋南北朝的文人绘画已经开始作兴，但它在技法上与一般的画工画并未拉开明显的距离，对于文人心境的传达也未免"迹不逮意"；唐代的文人绘画更趋深化，并开始自觉地探索与超逸心境相匹配的"逸格"画法,但相比于正规的画工画法,仍显得不太成熟,以至于朱景玄分画品为神、妙、能、逸四品,而将"逸格"置于正式的画品之外。然而,宋代的文人绘画,在实践和理论方面均取得了突破性的成果,它不仅仅只是文人所画的画,而且是独立于画工画之外的自成体系,以心境与技法的完美契合,使得"逸格"置于神、妙、能格之上,成了"最难其俦"的最高画品,并为元代以后的文人画成为中国绘画史的主流奠定了基础。

五代、两宋绘画的另一个成果,是卷轴画的高度发达,从此之后成为中国传统绘画的主要形式。我们知道,唐代之前的绘画形式,以壁画为大宗,卷轴画的运用并不普遍。这主要是因为适应政治或宗教宣传的需要,壁画的形式足以体现政策和教化的稳定性;而五代以降,玩赏消遣成了绘画的主要功能,玩赏的口味需要不断地改换、调节,所以,一成不变的壁画形式随之一蹶不振,灵活方便的卷轴形式则广泛地得以流行开去。今天一般所称的中国画,主要指卷轴画,追根溯源,这一历史性的定格,正在五代、两宋时期。

宋代的美术史家郭若虚在《图画见闻志》中《论古今优劣》,认为人物、鞍马"近不及古",山水、花鸟"古不及今"。山水、花鸟"古不及今",自无可置疑;人物、鞍马"近不及古",则未免言之过激。事实上,站在今天的立场上综观中国绘画史的发展,相比于魏晋、隋唐,五代、两宋的人物画在继承前代成就的基础上毕竟还是开创了一些前所未有的新格局,如风俗画和神宗画,白描法和减笔法等,其贡献不容忽视,不妨称之为"近异于古";相比于元、明、清,五代、两宋人物画的成就更显得出类拔萃,不可抹杀。

五代时最重要的人物画家,西蜀有贯休,俗姓姜,字德隐,婺州兰溪(今属浙江省)人。唐天复年间入蜀,蜀主赐号"禅月大师"。擅画罗汉,丰颐蹙额,状貌古野,不作庄严之相,而有苦恼之状。传世《十六罗汉图》轴,均为生活在社会下层的乞丐形象的写照,在构思上,画家把他们安排在山岩洞穴之间,或紧张呼喊,或闭目沉思,种种不可思议,与禅宗僧人顿悟前一刹那的痛苦、扭曲、压抑的心理状态相关。

又有石恪,字子专,成都人,蜀亡后曾入汴京,受命为相国寺画壁。其画风不守绳墨,多作戏笔,诡形殊状,面部手足用细笔,衣纹则粗笔泼墨而成。这就比贯休更进一筹,不仅形象怪异,而且画法放逸,为南宋梁楷的减笔法开了先河,均属于禅宗画的特殊路数。现存《二祖调心图》轴,传为他的作品。

南唐人物画以顾闳中、周文矩最负盛名,此外还有王齐翰等,均为翰林图画院的宫廷画家。顾闳中为江南人,传世作品《韩熙载夜宴图》卷是中国绘画史上一件煊赫的名作。画卷的主人公韩熙载是南唐的一位官僚,因对政治失去信心而沉湎于声色。后主李煜为了对他的放荡生活有所规劝,就命令顾闳中、周文矩等到韩家,凭记忆观察描绘韩家夜宴乐舞的情景。这一传闻是否可靠,其实是大可怀疑的,因为李煜本人就是一位沉湎声色的风流君主,上行下效,要让他规劝韩熙载改变生活方式,显然不大可能。画面共分五段,分别描绘夜宴中奏琵琶、跳六么、休息、吹管乐、宴会结束的不同情景,笼罩着既热烈又冷清的气氛,在醉生梦死的及时行乐中,隐含着对生活前途的忧患和失望。而这种失望的心情,又反过来加强了对于生活的执着和向往。这幅作品,形象的刻画真实生动而又传神,反映出画家默写的才能和写实的水平,色彩浓艳而又变化自然,在构图上巧妙地利用屏风、床榻等分隔画面,使每一情节独立成章,同时又起到了把各段连续起来,使全卷成为统一的大画面的作用。这一处理手法,成功地解决了空间艺术与时间艺术的转化,是传统绘画的优秀经验之一,与顾恺之的《洛神赋图》卷、吴道子的《送子天王图》卷等一脉相承,而在艺术表现上,显然更进了一筹,更显妥帖自然。

周文矩,金陵(今江苏南京)人。他的人物画也以描绘上层贵族生活为主题,其艺术特色是衣纹多用"战笔",以曲屈的形态给人以一种颤动的感觉。传世作品有《重屏会棋图》卷、《宫中图》卷等,作风精致,但气局较弱。

北宋前期的人物画,画院内外,几乎全是学吴道子的,但大多亦步亦趋,未能自立门户。成就卓著者,只有武宗元、李公麟两位,他们的共同贡献,都是发展了吴道子轻拂丹青的"吴装"传统,把以前作为粉本画稿的"白描"画法提高成为独立的艺术创作形式,从而把传统人物画的线描艺术推向了顶点,其水平是在唐人之上的。

武宗元(?—1050),字总之,白波(今河南孟津)人。宋真宗大中祥符年间诏画玉清昭应宫的道教壁画,当时参与的画工有三千多人，这一浩大的工程，即由武宗元担任主笔。传世作品《朝元仙仗图》卷，是一卷道教壁画的稿本，但同时又是一件具有独立欣赏价值的创作品。画卷描绘五方帝君率领仙官、天女、侍从和伎乐、仪仗去朝见元始天尊的情景。衣纹用兰叶描，流利而又挺劲，人物宽袍大袖，有迎风飘举之势，背景荷花曲槛、祥云缭绕，烘托了众多人物飘飘欲仙的气氛。

李公麟(1049—1106)，字伯时，号龙眠，舒城(今属安徽省)人。历官中书门下省删定官、御史台检法等职，一生沉于下僚，不能闻达。擅长诗文、考古，尤以绘画的成就最为杰出。南宋的邓椿曾在《画继》中表示："画之六法，难于兼全，独唐吴道子、本朝李伯时始能兼之耳。然吴笔豪放，不限长壁大轴，出奇无穷。伯时痛自裁损，只于澄心纸上运奇布巧，未见其大手笔。非不能也，盖实矫之，恐其或近众工之事。"把李公麟与"古今一人"的"画圣"吴道子相提并论，可谓推崇备至。而李公麟不同于吴道子之处，正意味着他用文人的要求对画工画所做的改造。当绘画的媒质从墙壁转移到了纸绢之上，艺术的技法和风格自然也就发生了变易。所以，吴道子的画风是豪放的，而李公麟的创意则是文静的。作为其文静创意的作品，有《五马图》卷、《维摩诘图》轴等，都是单纯通过线描的浓淡、粗细、虚实、轻重、快慢、刚柔、疏密来表现对象的形体、精神、质感、量感、运动感和空间感，不施丹青，却如有光彩照人。又有《临韦偃放牧图》卷，则是临摹前人之作，所以在"白描"的基础上略加色彩的渲染。

北宋后期至南宋前期，以描绘社会中下层日常生活为主题的风俗画蔚然兴起，是宋代人物画科中引人注目的一个新现象。究其成因，是由于城市工商经济的发展和市民阶层的成长，对于绘画艺术提出了新的审美需求。需要说明的是，有些风俗画，由于所展开的生活场面比较大，在具体的描绘上已经不能纳入一般"人物画"的范畴，而是跨入了"山水画"的范畴，所以，严格地说，风俗画是一个介于人物画与山水画之间的边缘画科。只是与一般山水画不同，它的主体和主题是表现人事活动而不是山水风光。例如，最负盛名的不朽杰作《清明上河图》卷，便是一幅介于人物画与山水画之间的典范作品。

此图的作者张择端，字正道，东武（今山东诸城）人，宣和年间供职内廷，为翰林图画院的待诏。作品描绘了北宋汴京市民"太平日久，人物繁阜，垂髫之童，但习鼓舞，斑白之老，不识干戈"的富庶生活。所谓"清明"，即指政治清明、天下太平之意，寓有粉饰升平的含义。画卷以汴河为主线，有条不紊、引人入胜地展开了当时社会中下层的各种人事活动，从郊外一直画到汴河的码头，从横跨汴河的虹桥再走向城内，最后结束于繁华的市区街衢。四方辐辏，百货杂陈，有酒楼、茶楼、药铺、当铺，有做车轮的木匠，卖刀剪的铁匠，行脚的僧侣，游方的道士，看相的算命先生，官员们骑了高头大马前呼后拥地在人群中横冲直撞，妇女们乘了小轿悠闲地东张西望，商店中的雇员热情地招徕顾客，作坊中的技工忙得不亦乐乎。从一艘艘航行于汴河中、停泊在码头边的船只，不难想见当时汴京与全国各地以漕运为纽带的经济联系，而船夫们的辛勤劳作，尤其值得我们的尊敬。全卷数以百计的人物、建筑物,均以精细而又朴实的线条勾勒出来,疏密聚散,刻画入微,艺术水平极高。

又有李嵩,钱塘(今浙江杭州)人,出身下层,少年时作过木工,后来担任南宋光宗、宁宗、理宗三朝画院待诏。他深知劳动人民的甘苦,所画以农村妇女、儿童生活为素材的《货郎图》,体验深刻,情感真挚,一点一划,皆能于细微处见精神。

禅宗画的作风,贯休、石恪倡之在先,梁楷、法常应之在后,并把它推向了一个新的高潮。

梁楷,东平(今属山东省)人,宁宗嘉泰年间任画院待诏,常与杭州一带的禅僧们相往还,深受禅宗思想的熏染,所以生性狂放而嗜酒,自称"梁疯子",不久后离开画院,不知所往。他在绘画方面的最大贡献,是发展了简练豪放的减笔法和泼墨法,所作寥寥数笔,淋漓粗放,深刻地传达了禅宗电光石火般的思想精神境界。传世作品有《泼墨仙人图》册、《布袋和尚图》册等。

法常(1207—1291),号牧溪,俗姓李,四川人,他是中国绘画史上最著名的禅宗画家,人物、山水、花鸟均擅长。所作《观音图》轴、《罗汉图》轴等,以社会下层的劳苦形象为模特儿,能于平常心中见佛心,画法则比梁楷稍为收敛。

梁楷、法常,包括贯休、石恪的禅宗画风,由于它的粗野性,对于以清真典雅为审美标准的中国各阶层,尤其是文人士大夫阶层来说,便有些格格不入,被认为是"诚非雅玩",不入鉴赏的心目。但他们的作品传到日本,却备受欢迎,被奉为至宝,影响日本的南画水墨样式达数百年之久。

五代、两宋在中国绘画史上，可以说是人物画科的最后一个光辉时期，此后的人物画，才真正是"近不及古"、每况愈下了。至于这一时期山水、花鸟画的成就，比之人物画，更足以引为骄傲，不仅迈绝前代，而且标程百世。

山水画的繁盛，有多方面的原因。中国人文精神的最高境界是"天人合一"，而"天人合一"的境界只有在复归自然之中才能获得实现。当一个人在政治上不得志的时候，他便隐逸山林，通过流连光景，陶冶情性，从而解脱人生的痛苦；当一个人官运亨通的时候，他同样需要通过山水之乐来解脱世俗事务的烦恼。所以，早从魏晋南北朝开始，山水文学便已取得了很高的成就，从谢灵运、陶渊明一直到唐代的李白、杜甫、孟浩然、王维，留下了无数的千古绝唱，成为中国文化宝库中的一份珍贵遗产；而山水画也在同时正式起步，如宗炳、王微等，均在山水画理论方面提出了极其深刻的见解，但反映在创作实践中，由于缺少技法的积累，所以还比较幼稚，不够成熟，未能完美地传达出渴慕林泉的高致。然而，进入五代以后，经过几百年的实践和努力，山水画的技法问题基本上已经解决，如透视比例问题，用笔用墨问题，都已从无到有、从少到全地逐步积累、完善起来。尤其是"水晕墨章"的发明，是从前的人物画中所不曾有过的一种最适合于山水画表现的新技法，更促成了山水意境的形象传达日趋圆满成熟，并在此基础上，完成了山水画专业技法"皴法"的创造。

五代、两宋山水画的共同之处，都是十分注重山水对象客观真实性的描绘，而具体分析，又有北方画派和江南画派、全景山水和边角山水的不同。北方画派以荆浩、关仝、李成、范宽为代表，以峻拔雄伟的高山大岭作为画面的主体；江南画派以董源、巨然为代表，以平淡天真的洲渚峰峦作为画面的主体。这两大画派所表现的笔墨风格和景观的地理特征，虽有明显的差异性，但又都是以"远观以取其势"的全景风光出现的，崇山峻岭，绵亘无尽，所以，都属于全景山水的范畴。与此不同，南宋山水以刘（松年）、李（唐）、马（远）、夏（圭）为代表，其取景的方法侧重于"近观以取其质"，或写山之一角，或写水之半边，所以称之为边角山水。此外，在青绿山水等方面，也都取得了富于创意的成果，形成五代、两宋山水画苑多姿多彩的无限风光。

北方画派的开创者是荆浩、关仝师生二人，画史上并称"荆关"。荆浩，字浩然，号洪谷子，沁水（今属山西省）人。由唐末而入五代，本为儒生，博通经史，因时局动荡，遂栖隐太行山的洪谷，以画山水自娱。著有《笔法记》一篇，是一部划时代的山水画理论著作，具体而微地论述了许多极具操作性的技法问题。如"六要"即气、韵、思、景、笔、墨，以心灵的主宰为气，以格调的追求为韵，以构思立意为思，以观察自然为景，以用笔的节奏为笔，以用墨的浓淡为墨。"六要"中，他特别强调笔、墨二要，认为："吴道子画山水有笔而无墨，项容有墨而无笔，吾当采二子之所长，成一家之体。"也就是要求有笔有墨，从而创造性地完成了传统山水画的笔墨技法这一具有重大绘画史意义的课题。所以，他所画的云中山顶，有四面峻厚的效果，这种效果，显然不是唐以前单靠空勾无皴的技法所能达到的。

传世作品《匡庐图》轴，描绘峻厚的群峰耸峙在冥冥漠漠的云气之中，有一种纪念碑式的雄伟之感。画家以运转变通、不质不形、如飞如动的笔，配合了高低晕淡、品物浅深、文采自然的墨，来抒写对于自然真景的体验。石法圆中带方，皴染兼备，树枝曲中见直，瘦劲坚挺，在客观的描绘中，融入了画家淡泊的主观情思，使整个画面笼罩了一片雄奇、壮丽与空旷、幽静相交缠的氛围，令人思出象外，寄情无穷。

关仝(同)，长安(今陕西西安)人。他的山水青出于蓝，笔力之长，晚年甚至超过了荆浩。画树则兼学唐人，有枝无叶；不善于画点景人物，常请胡翼代笔。好画村居野渡的行旅生涯，常以峭拔的构图，突然涌出的峰峦，崎岖的栈道等等，来烘托行旅生涯的艰苦。入宋后与李成、范宽齐名，并称"北宋三大家"。

江南画派的开创者董源和巨然，也是师生的关系，画史上并称"董巨"。

董源(元)，字叔达，钟陵(今江苏南京)人。仕南唐翰林图画院为待诏，并担任过北苑副史之职，所以又称"董北苑"。他的山水画，多以淡墨轻岚描写江南明媚秀丽的风光，没有雄伟险峻的山，没有刚健刻露的石，也没有干枯萧索的树，而是平缓连绵的峰峦，在湿润的空气中映带无尽，山坡上点缀着葱葱茏茏的树木杂草，林麓洲渚，江村渔舟，风雨溪谷，烟云溟濛，真所谓"平淡天真""一片江南"。由于所描绘的客观对象与北方画派不同，因此，在表现技法上自然也形成很大的差异。在他的作品中，山骨隐显，林梢出没，岚色苍郁，不见奇峭之笔。细节虽然没有交代得头头是道,但远观的整体效果却非常强,对于光色的把握更别具一功。传世作品如《潇湘图》卷、《夏山图》卷、《夏景山口待渡图》卷等,坡峦、树木,全用繁密的点子构成,画史上称为"落茄点",在雾气中缥缈恍惚,近似于西方印象派的点彩画法。

巨然,钟陵(今江苏南京)人,在开元寺出家为僧。因南唐的君主信仰佛教,巨然也得以出入宫廷,并师承董源学画山水。他进一步发挥了董源淡墨轻岚的画法,创披麻皴法和矾头来描绘江南土石相间的山峦,形成岚气清润、雨意迷蒙的特色。在布局上,则改变了董源洲渚掩映,一片江南的平远章法,而是以幽溪细径、屈曲萦带来展现高远、深远的境界。大体完成以后,又用浓重的焦墨满山打点,散散落落,疏密有致,既统一了全局的气机,又提醒了画面的精神。传世作品有《秋山问道图》轴、《层崖丛树图》轴等,可见其画风的一斑。

董巨的江南画派,在北宋前期的画坛上虽也受到人们的好评,但是远不能与荆关的北方画派相提并论。直到北宋后期,由于米芾等的推崇,认为江南画派"平淡天真,唐无此品,格高无与比也",才一跃成为山水画的最高典范。之后,又经过"元四家"的发扬光大,董其昌的大力提倡,江南画派便取得了绝对的正统地位,甚至有人认为:"画之有董巨,犹吾儒之有孔颜也。"干脆把二人比作了儒家万世师表的孔子、颜回;而北方画派,从此则日渐衰微了。

然而,在北宋前期的画坛上,北方画派则居于绝对的主宰地位,大家辈出,代不乏人。其中影响最大的当推李成和范宽,嗣后又有郭熙和王诜。

李成（？—967），字咸熙，营丘（今山东昌乐）人，人称"李营丘"。他是唐朝的宗室，以儒道自业，五代政局动荡，遂绝意仕进，以山水自娱。他的创作，多以齐鲁平原的寒林平远风光为粉本，气象萧疏，烟林清旷，毫锋颖脱，墨粉精微，尤其是所画枯树寒林，主干挺劲，分枝虬屈下垂，好像蟹爪，所以又称"蟹爪树"；坡石的结构，状如云动，开"卷云皴"法之先声。他好用淡墨，有"惜墨如金"之称，所作淡墨迷蒙，轻烟氤氲，有梦幻一样的效果。传世作品十分稀少，迄今还能看到的《读碑窠石图》轴，据考证由李成画树石、王晓画人物，但是否为真迹，尚有待进一步讨论。

范宽，名中正，字中立，华原（今陕西耀州区）人，活动于宋真宗、仁宗年间。他的山水画，开始时是学习李成的，后来认识到："前人之法，未尝不近取诸物，吾与其师于人者未若师诸物也；吾与其师于物者未若师诸心。"于是隐居终南山中，览其云烟惨淡、风月阴霁难状之景，默与神遇，一一寄于笔端，终于自成一家，与李成并世辉映。

我们知道，李成的画多写寒林平远，近景的树木比较高大，而山峦则推得较远，再加上他好用淡墨，所以给人以萧疏、清旷、秀润、缥缈的审美感受。而范宽则多写关中一带的行旅生涯，峰峦浑厚，势状雄强，扑面压来，再加上他好用浓墨，满幅墨黑，所以给人以端严、沉重、雄奇、险峻的审美感受。因此，当时人评价二人艺术作风的差异，比之一文一武，认为李成之画，近视如千里之远；范宽之笔，远望之不离座外。具体分析，范宽的山水画还有如下一些特点：山顶好作密林；水滨好作突兀而坚硬的大石；近景树如偃盖而不画松树；远山多取正面，折落有势；涧水轰然有声；又喜画雪景，有森寒之感。后人将他与董源、李成相比，认为董源得山之神气，李成得山之体貌，范宽得山之真骨。

所作《溪山行旅图》轴，是中国绘画史上一件煊赫的巨迹。展开画轴，高旷雄伟的峰峦拔地而起，壁立千仞，巍峨摩天，迫人心目。山石用短小而密集的小点子刮皴，称作"豆瓣皴"，又名"雨点皴"，都是就其形状而命名，论其精神，则称为"枪笔"或"刮铁"，有一种雕刻般的斧凿之感，开后世斧劈皴之先河，用以表现石骨显露的质感和量感，与董源的落茄点、巨然的披麻皴、李成的卷云皴迥然不同。山顶布满密林，涧水轰然作声，树如偃盖，墨如漆黑，凡此种种，都是范宽独具的画风特色。综观全轴，粗壮浓重，气象雄伟，确实是"远望之不离座外"。

李成、范宽与关仝并称"北宋三大家"，三大家中，又以李成的影响为最大，被推为"古今第一"。当时追随他的画派的，非常之多，有"齐鲁之士，惟摹营丘"之说。实际的情况，并不限于齐鲁之士，如学李最有成就的郭熙、王诜二人，就都不是齐鲁人。

郭熙，字淳夫，河阳（今河南孟州市）人，神宗熙宁年间入翰林图画院为待诏直长。他曾自述山水画创作的经验，由他的儿子郭思整理成《林泉高致》，是继荆浩《笔法记》之后又一部重要的山水画技法理论著作，而论体系的完整性，其价值更在《笔法记》之上，后世无与伦比。

郭熙认为，一个山水画家要想通过创作而夺造化之精神，必须广泛、深入地面对真山真水,观察、把握大自然的无穷奥妙。从空间的方面,应该"远观以取其势,近观以取其质","近看如此,远数里看如此,远数十里看又如此,每远每异,所谓山形步步移也","正面如此,侧面又如此,背面又如此,每看每异,所谓山形面面看也"。通过这种多角度、全方位的移动观照,就有可能全面、深刻地把握对象的形状和精神。时间方面,春、夏、秋、冬,朝、暮、阴、晴,同样需要进行多角度、全方位的观照,并在观照中融入画家的主观情思,使物我达到一如,如"春山烟云连绵人欣欣,夏山嘉木繁荫人坦坦,秋山明净摇落人肃肃,冬山昏霾翳塞人寂寂"。

在具体的创作方法上,郭熙又详尽地论证了山、水、树木、烟云之间的有机统一关系,要求使所创作的作品,含有一种整体的生命感。特别在布局处理上,他提出"三远"的观点,更成为传统山水画创作的一个定律:"自山下而仰山巅谓之高远,自山前而窥山后谓之深远,自近山而望远山谓之平远。高远之色清明,深远之色重晦,平远之色有明有晦。高远之势突兀,深远之意重叠,平远之意冲融而缥缥缈缈。"

此外,他还自觉地提出了山水画与山水诗的关系,认为优秀的山水画创作不能仅止于视觉形象的刻画,更应该富于诗的意境。这一观点,实际上对苏轼提出"诗画一律"的理论和宋徽宗赵佶用古人诗句作题目考核画工的做法,起到了呼应的作用。

郭熙的作品,今天还能看到的不少,尤以《早春图》轴最具代表性,与范宽的《溪山行旅图》同为中国绘画史上千古不朽的铭心绝品。画面的构图,主峰突兀而清明,烟霞横锁山腰而显高远;中景曲折而重晦,丛树掩映楼阁而显深远;近景冲融而缥缈,水色净洗岚光而显平远。画法以卷云皴皴山石,给人以缥缈舒展之感,从而使静止的山涵有了一种生命的律动,突出了早春万物复苏的意象;树木用蟹爪式,杂以松针、夹叶,显得隽秀而又劲利,自有荣茂之色;墨气清淡,如轻烟梦雾。这一切,都是从李成的画派中变化而来的。

王诜(约1048—1104),字晋卿,太原(今属山西省)人。他是功臣的后裔,贵为驸马都尉,生活优裕,但在政治上却并不得志。与苏轼等交游,历尽波折,但"风流文采磨不尽,水墨自与诗争妍",结果成就了他在山水画方面的杰出贡献。他的画风,也是学李成的,卷云皴、蟹爪树、淡墨法等等,是其基本的特征,但在具体的描绘上,比之郭熙显得更加严谨细密而文秀,同时又参用了唐代李思训、李昭道父子青绿设色的画体而别开生面。传世作品有《渔村小雪图》卷等,用笔精练而尖利,与郭熙的粗壮明显有别,而略带修饰的情味。

从荆浩、李成到王诜,都是以文人的身份参与山水画的创作,可以认为是当时文人绘画正宗化的一个反映。但在笔墨技法方面,他们的作风还是严谨的,而不是放逸的,所以,从严格的意义上来说,只能称之为文人画山水,而不能称之为文人山水画。文人山水画的正式确立,归功于北宋末年的米芾。他以疏放的态度从董源的江南画派中汲取营养,然而又自出机杼。原来只是作为一种笔墨的游戏,到了他的儿子米友仁手里,居然独树一格,画史上称为"米点山水"。

米友仁(1086—1165),字元晖,祖籍太原(今属山西省),迁籍襄阳(今湖北襄樊),官至敷文阁学士,所以又称"米敷文"。从小受家庭的熏陶,能书善画,书不如父,画则过之,父子并称"二米"。所谓"米点山水",系提炼江南一带"春雨初霁,江上诸山,云气涨漫,冈岭出没,林树隐见"的生活真景,寄寓了士大夫超变流荡、空灵蕴藉的情怀心绪,而给以高度概括的典型表现。在技法上,则取法董源的落茄点,以粗阔的横笔积点构成山形树影,有一种朦胧隐约的气象,所谓"多以烟云掩映树木,不取工细","点滴云烟,草草而成,不失天真"。这种极为放逸的画法,他自称为"墨戏",别人则戏称为"解作无根树,能描濛鸿云"。

水墨山水画的发展,开始于唐代中后期的王维、张璪,又经五代、北宋前期荆关、董巨、李范的努力,直到郭熙和王诜,对于物我交融的意境追求,无不以客观描绘的真实性为基础。而米点山水的崛起,则以主观的情思凌驾于客观物象之上,从而取得了描绘的充分自由和能动,使得山水画的创作,真正达到了文人画所追求的写意、畅神的最高逸品境界。

米友仁的作品,以《潇湘奇观图》卷最具代表性。画面描绘江畔山村,烟云满纸,元气淋漓,湿漉漉的山,朦胧胧的树,水淋淋的雾,一切都笼罩在如梦似幻的春雨之中,荡漾着一派不可名状的宁静氛围。画法一扫传统的勾皴斫擦之迹,以泼墨法参用积墨和破墨,紧要之处更以焦墨提醒。画家充分运用"水晕墨章"在纸面上的渗化效果,草草率笔,以简驭繁,在混沌氤氲的黑墨团中,蕴涵了丰富、幽邃的景象和层次,浅深浓淡之间,姿态横生。

北宋末年的山水画坛,除米点山水的创格之外,另一值得注意的现象是唐代青绿山水传统的复兴。徽宗赵佶笃信道教,大兴土木,营造艮岳御苑,企慕富贵神仙的境界。这一境界,也在宫廷贵族的山水画创作中反映出来。传世《千里江山图》卷,出于宣和画院年轻的学生王希孟之手,却经由了赵佶的亲自点拨。展开画卷,江山无尽,辽阔而壮丽,石青、石绿色,在画面上像宝石一样闪闪发光,耀人眼目。可惜画家呕心沥血完成这一杰作以后不久即暴疾去世,年仅 20 岁左右。

宗室赵伯驹,字千里;其弟赵伯骕(1123—1182),字希远,在画史上并称"二赵",并被后人与唐代的二李相提并论,是青绿山水画史上最有代表性的四位画家。十分巧合的是,二李父子是唐朝的宗室,二赵兄弟是宋朝的宗室,可见青绿山水确实是最适合于宫廷贵族审美趣味的一种形式。但由于有了水墨山水的高度发达可以作为技法的借鉴,二赵的画风比之二李,也就显得更加精工成熟。赵伯驹的《江山秋色图》卷,用笔纤细而不浮佻,赋色艳丽而不庸俗,勾廓之外,兼施皴法,比起唐人来要规整一些,比起王希孟来又要活泼一些。赵伯骕的《万松金阙图》卷,将勾勒与没骨、金碧与水墨、工笔与写意、单纯简洁与精细入微巧妙地交融于一炉,完全改变了传统青绿山水的勾斫刻画之迹,更令人耳目一新。

　　二赵的画风虽然跨入了南宋，但南宋山水的主流却不在于此，而在于以刘李马夏为代表的院体，是为"南宋四大家"。而之所以把他们的画派称为院体，是因为他们都是画院的供奉画师。院体山水在画法上多以水墨苍劲的大斧劈皴为特色，在取景上多以局部特写的边角之景为特色，从而以细节的真实构成清新的意境。这是山水画史上又一个里程碑式创造。当然，反映在不同画家的笔下，又各具特色，各有不同的成就。

　　李唐，字晞古，河阳（今河南孟州市）人。北宋末年已入画院，宋室南渡后历经颠沛流离，重新供职内廷。他的山水画，早年是学范宽的，山高气峻，雄阔庄严，石法、树法坚凝厚重。但对范宽的雨点皴略加变化，使笔形变阔、变长，遂成为小斧劈皴，在小斧劈皴的基础上进一步将笔形变阔、变长，便成了水墨苍劲的大斧劈皴，同时在取景上不作全景而写局部，于是便开创出院体的新格局。

　　传世《万壑松风图》轴是他的早年所作，势状雄强的全景式构图，将山与云、松与水交织成黑沉沉的一片，正是范宽的法嗣繁衍，系无旁出。但他的用笔，已变范宽的中锋方笔为侧锋扁笔，透露出向院体发展的倾向。逮至晚年《清溪渔隐图》卷的表现，山不见巅，树不见顶，大斧劈皴的山石苍劲而又淋漓，大混点的树叶真实而又朦胧。笔墨虽然粗放，但意境却一变早年的雄伟，而转向宁静幽雅的氛围。

　　刘松年，钱塘（今浙江杭州）人，历任孝、光、宁宗三朝画院待诏。他兼长山水和人物，画风比李唐稍为收敛，相对地显得精细一些,界画的刻画尤其工致不苟,但笔性的刚斫却与李唐并无二致。

马远,字钦山,河中(今山西永济)人,历任光、宁宗两朝画院待诏,极受统治者的青睐。在南宋四大家中,如果说李唐是院体的开创者,那么,马远和夏圭则是最具代表性的院体画家。马远出生于一个绘画世家,他的曾祖、祖父、父亲、伯父、哥哥和儿子都是宫廷画师,而且都很有成就,像这样一门数代均以绘画擅长而且做出了突出贡献的,不仅在宋代,即在整个中国绘画史上也是极为罕见的,足以与之相媲美的,只有元代赵孟頫的一家。

马远能画人物、山水、花鸟,而以山水画的成就最为杰出。由于他在构图上善于采用以局部表现整体的手法,常常只画山之一角、水之一涯,使画面呈露出大片空白,所以,人们称之为"马一角"。传世有《踏歌图》轴、《松下闲吟图》册等,取象简洁,笔墨精爽,法度豪放而又不失谨严。树木的枝干有下偃之势,类似盆栽,人称"拖枝马远"。

夏圭,字禹玉,钱塘(今浙江杭州)人,历任宁、理宗两朝画院待诏,在画史上与马远齐名,并称"马夏"。两人在山水画的构图、笔墨方面,也很相似,都善于从局部景观中发掘出辽阔深远的意境,达到以少胜多,因小见大,人称"夏半边"。所谓"边角之景",正由马、夏二人而得名。传世有《溪山清远图》卷、《烟岫村居图》册等,坚挺峭拔的大斧劈皴有一种力透纸背的爆发力量,比之于马远笔墨的沉静凝练,显得更加暴露而有一种躁动的感觉。

需要说明的是,关于"边角之景",根据后人的评论,往往把它的创作意图与南宋的"半壁江山"联系起来,所以又称为"残山剩水",似乎是意在发抒山河沦陷的政治感慨。这种观点,未免牵强附会。事实上,院体的章法和笔法,早在北宋中期赵令穰的创作中便已有所表现。当北宋画家把全景山水发展到了登峰造极,不甘于步人后尘的画家要想有所超越,便不能不在观照方式和表现技法方面另辟蹊径,由"远观其势"的全景把握转向"近观其质"的边角构思。另一方面,北宋画家多生活在中原的开阔大地上,宜于放眼远观的全景把握,而南宋画家则生活在环山的西湖边上,客观上限制了他们的视野,不允许他们作放眼远观的全景把握,而只能是作俯身近观的边角构思。由于美学上的主观追求不同,地理上的客观条件不同,基于写实的原则,全景风光向边角之景的转变,也就顺理成章了。

五代、两宋花鸟画的发展,其欣欣向荣的盛况,不在山水之下。究其原因,是由于作为玩赏的对象,花鸟比之山水拥有更为广泛的爱好者。上至帝王达贵,下至庶民百姓,工笔设色的花鸟画,自然是最适合于"粉饰大化,文明天下""观众目,协和气"的一种艺术形式;而对于文人士大夫来说,水墨写意的梅、兰、竹、石,又自然是最适合于他们自命清高、孤芳自赏的自娱形式。所以,早从五代的"黄徐异体",适合社会各阶层的玩赏需求,工笔设色和水墨写意的两大花鸟画体便同时勃兴,争奇斗艳,一直左右着两宋乃至嗣后整个中国花鸟画史的发展嬗递。

所谓"黄徐异体",是指以黄筌父子和徐熙为代表的两种不同的花鸟画体裁而言。黄筌父子并为西蜀的宫廷画师,给事禁中,以工细艳丽的画法多写珍禽瑞鸟、奇花名葩,有富贵的气象,所以称为"黄家富贵";徐熙为南唐的处士,不求闻达,闲散江湖,以水墨淡彩的画法多写汀花野竹、水鸟渊鱼,有野逸的韵致,所以称为"徐熙野逸"。

具体而论,黄筌(? —965),字要叔,成都人,画风学薛稷、边鸾、刁光胤,所画工细逼真,能穷形极态,以至于能使真的禽鸟误以为生。今天还能看到的他的画稿《写生珍禽图》卷,对于鸟羽的蓬松感、蝉翼的透明感、龟壳的坚硬感等等的刻画,确乎达到了栩栩如生的效果,可见其深刻入微的生活体验和精湛熟练的写生技巧。

其子黄居寀(约933—993),字伯鸾,画风全受家学的影响。早年为西蜀的宫廷画师,后来进入北宋画院为待诏,宋太宗对他十分器重,命他负责画院的工作,评判画家技艺的优劣。一时院墙内外的许多画家,纷纷迎合黄家富贵的作风,遂使工笔重彩的体制成了画院花鸟创作的标准格式。传世《山鹧棘雀图》轴,用笔工致沉稳,设色精细富丽,与黄筌的《写生珍禽图》一脉相承,而作为一件正式的创作品,其气局则更显雍容华贵。

徐熙,钟陵(今江苏南京)人,他是江南的世族,因其家族在与南唐统治者的权力斗争中失败而以高雅自任、绘画自娱。在画法上自创"落墨"法,大略属于一种小写意的方法。其程序是先用或浓或淡的墨笔,连勾带染地画出花鸟对象的形态和轮廓,然后再在个别地方略微地点染一些颜色,色彩与墨迹不相掩映,别有生动之意。这种画法,已开后世水墨写意画的先河。当时人对他的评价很高,认为他的成就在黄筌之上,"为天下之冠"。但入宋后有人把他的作品送到画院,黄居寀生怕他的画派影响到自己的地位,便斥为"粗恶不入格"。在这样的形势下,徐熙的儿子徐崇嗣不得不改变家传的"落墨"法,仿效黄家富贵的作风,不用墨笔,直接以彩色点染而成,画史上称为"没骨法"。

由于黄体对花鸟画苑的垄断,北宋前期长达一百多年间,许多画家都放弃了个性的创造和生活的体验,竞以仿效黄体为能事,结果造成花鸟画发展的停滞,所创作的作品显得庸俗、刻板而没有生气。这就引起了一些有个性的画家的不满,他们不为黄体的标准所束缚,坚持深入生活的写生之道,终于打破了黄体一花独放的局面,迎来了花鸟画苑又一次繁荣的景象。这方面的代表画家,便是赵昌、易元吉和崔白。

赵昌,字昌之,剑南(今四川成都)人,活动于大中祥符年间。他一生不慕富贵,不畏权势,唯以作画为娱,自号"写生赵昌",每天早晨,手调彩色,对着风露中的花卉当场染翰。所作傅色清淡,屏去浓艳,一时有"旷代无双"之誉。因此,虽然与黄体同为工笔设色画,但意境恬淡幽远,富于清新俊逸的疏朗情调。

易元吉(?—1064后),字庆之,长沙(今属湖南省)人。他的花鸟画,本来已颇具成就,后来见到赵昌的作品,感到难以超越,于是另辟蹊径,改画獐猿。为了画好獐猿,曾深入深山老林,进行观察写生,得其天性野逸之致;又在居家处开辟了池塘,养了许多水鸟,供作写生的粉本,终于取得了更高的成就,被召入宫廷作画。遗憾的是,他的画艺引起画院中那些墨守成规的画家的妒忌,竟下毒手把他害死了。易元吉的画风,比之赵昌更清淡,也更野逸,因此,对于院体的冲击,自然也就更大。

崔白(约 1004—1088),字子西,濠梁(今安徽凤阳)人。熙宁年间召入宫廷为画院待诏,终于大变画院陈式,从根本上扭转了因循守旧的作风,重新确立了写生在花鸟画创作中的地位。论他的画法,强调笔墨的表现力,赋彩则相对简淡,造景写物,必放手铺张,不为琐碎,所以,特别富于激情和力量。再加上他喜欢作长屏巨幛,笔墨豪纵,气魄尤其奔放。迄今所传《寒雀图》卷、《双喜图》轴等,多画野外的景物,工中带写,格调疏秀,与黄家富贵真是藩篱大撤了。

崔白传而为吴元瑜,吴元瑜则直接影响了赵佶,由赵佶谱写了花鸟画史上又一繁荣的篇章。

赵佶(1082—1135)也就是北宋的徽宗皇帝,他在政治上昏庸无能,在艺术上却天才颖发。从小喜爱书画,即位当皇帝以后进一步利用权力,提倡宫廷画院,网罗并培养优秀的绘画人才。宣和画院中,一时人才辈出,并一直影响到南宋的画院。他对于绘画艺术的要求,大体上可以归结为两点:一是追求生活的真实性;二是追求诗意的含蓄性。他常常从生活的要求来考校宫廷画家的写生体验,又以古人的诗句为题来考校画家的文学修养。在他的严格要求下,当时的画院创作,尤其是花鸟画创作呈现出形象真实、意境生动的特色。这两个特色,同样也反映在他本人的创作中。

赵佶是一个全能的画家，尤以花鸟画的成就最为突出。其画风有两种，一种用浓郁的重彩画成，另一种用清淡的水墨画成。也有人认为，重彩的作品并非赵佶的手笔，而是由画院画家画好后再由赵佶在上面题字而成，即所谓"代笔"或"御题画"；真正属于他个人的创作，应该是水墨清淡的作品。

其重彩的作品以《芙蓉锦鸡图》轴为代表，色彩的晕染自然而又精妙，鲜艳浓丽的绵鸡真有皇家的富贵气象。其水墨的作品以《柳鸦图》卷为代表，粗壮朴拙的用笔，凝练厚重的墨彩，应与崔白的画派有关。

由宣和画院进入绍兴画院的李迪，又把赵佶的画派带到了南宋。他的花鸟写生，特别含有神采和力量，好写雪景、猛禽，如有一股肃杀之气扑人眉宇。但他同时又能画精细纤巧的一路，则逐渐变化了北宋的画风，而更能代表南宋花鸟画坛浅斟低唱的审美追求。

孝宗朝的画院待诏林椿，似乎一生不曾画过大幅面的创作，而情有独钟于一尺见方的小天地中调染声色。纤细的用笔，淡雅的赋色，对于写生的体验称得上是毫发无遗，但气魄是一点谈不上的。当时画院中所流行的，几乎都是这样的一种作风，就像山水画中的边角之景一样。工笔设色花鸟画派的发展，至此可以说是已经到了极致，也到了尽头。入元之后，便如水流花谢，春事都休了。

那么，在北宋初年受到黄家排斥的徐熙画派命运又如何呢？

大约与赵昌、易元吉、崔白变革院体作风的同时，在文人士大夫中间开始出现对"落墨"法的重新评价。当时的不少文人，在党争中备受折磨，需要借助于绘画来调节不平衡的心理，于是，受徐熙野逸画派的启发，一股新的绘画思潮——文人画思潮，首先在花鸟画领域蔚然兴起，嗣后又涉及山水画领域，便是米氏的云山墨戏。当然，花鸟画的题材是广泛多样的，文人画家们对此并不可能像职业画工那样面面俱到，而是特别地选择了枯木、竹石、梅花、兰花等品种。这主要是因为，这类题材所包含的萧散、坚贞、清高、孤芳自赏等内涵，与文人士大夫们的思想情操正相合拍；而在笔墨造型方面，又适合于用书法的形式加以抒写，而不像一般花鸟题材那样需要严格的造型功力。这样，又经过后世文人画家的持续努力，竹、梅、兰，再加上菊，便形成传统花鸟画科中一个专门的品种，被称为"四君子"。在当时，这方面的代表画家是文同和苏轼，南宋以后又有扬无咎和赵孟坚。

文同(1018—1079)，字与可，梓州(今四川盐亭)人，曾被委任湖州知府，所以人称"文湖州"。他曾自述："吾乃者学道未至，意有所不适而无所遣之，故一发于墨竹，是病也。"①所谓"病"，也就是官场上的失意所导致的心理上的抑郁，所以，他要借助于墨竹的抒写来寄托虚心、劲节、不慕荣华、凌寒不凋的精神和品格。从而在创作方法上，也就与旨在取悦于众目的画工画的浓艳刻画改弦易辙了。他表示，要想画好墨竹，必须通过生活的观

---

①　转引自宋·苏轼《东坡题跋》卷五，津逮秘书本。

察体验达到"胸有成竹",而所谓"成竹",不仅仅只是对于竹的形象的把握,更重在对于竹的精神的默契;然后执笔熟视,仿佛看到自己所要画的形象隐隐地出现在画面上,赶快振笔直逐,如兔起鹘落,一气呵成。在这里,不需要九朽一罢,不需三矾九染,而纯粹是写意的作风。不过,毕竟由于他的创作是来源于真实的生活体验的,因此,尽管是写意的作风,大体上还是不离写实的原则,如他以深墨为竹叶的正面,淡墨为竹叶的背面,便是出于写实的考虑所做的一种程式化处理。

他的表弟苏轼(1036—1101),字子瞻,号东坡,眉山(今四川眉州)人,继承了他的画派,却在写意的道路上走得更远,几乎把主观的情思完全凌驾于写实之上。苏轼是中国文化史上最杰出的文学家、书画家,其天才的成就是多方面的。论文,他是"唐宋八大家"之一;论诗,他是宋诗的代表人物;论词,又是宋词的代表人物;论书,则是"宋代四大家"之一。他在政治上历经磨难,从而造就了其通脱放达的人生态度,而绘画艺术,正是其人生态度的一种特殊展现。

在中国文人画史上,苏轼的意义非同一般。他不仅仅是文人画创作的实践者,更是文人画理论的建树者。他对文人画的基本要求,可以归纳为两点:一、神似高于形似,所以,"论画以形似,见与儿童邻";二、诗境通于画境,所以,"诗画本一律,天工与清新"。正是基于这两点,尽管他在平时的鉴赏活动中,对画工画的优秀作品并不持简单的排斥态度,甚至还常有赞誉;但却坚持认为,文人画的品位是在画工画之上的。

在创作实践方面,他擅画枯木竹石,所作枝干虬屈,石皴奇怪,如其胸中盘郁。他是一个好酒的人,常常在酒醉之后,胸中的牢骚不平森然而作、勃然欲出,于是泼墨作画,淋漓尽致。传世《枯木怪石图》卷,写枯木一株,状如鹿角;怪石一颗,状如蜗牛。用笔简单而又草率,不求形似,墨彩的枯湿浓淡,笔势的轻重快慢,正是其扭曲的思想灵魂的真实写照。

文人画的风气既开,其影响逐渐扩大。南宋的扬无咎(1097—1169),字补之,号逃禅,清江(今属江西省)人。他以刚正不阿、清操自守的人格精神画水墨梅花,作风淡雅、高洁,疏香冷艳,一襟清思,所体现的是一种超尘拔俗的艺术境界。用笔凝练苍润,墨韵恬静高寒,花朵用白描圈出,不加晕染,显得雪白晶莹,点缀在珠头,给人以珠圆玉润之感。当时宫廷画院中,也有擅长画梅花的,工笔重彩,浓艳富丽。画史上将扬无咎的墨梅与之作对比,分别称为"村梅""宫梅",正如"徐熙野逸"之于"黄家富贵"。

嗣后的赵孟坚(1194—1264),字子固,号彝斋,本是宋朝的宗室,但到他这一支,家境已经相当清寒。于是隐居乡下,放怀林泉,以诗文书画自娱。他擅画水墨梅花、兰花、水仙、竹石,全部都是清韵标格的题材,学扬无咎而有所发展。所画兰花用点撇法,水仙用白描法,作风清新潇洒,一尘不染。

综观五代、两宋的绘画,不同题材的画科获得了全面的发展;工笔设色的画体达到了历史的最高水平,其成就不仅是空前的,也为后世所不及;而水墨写意的风格,尽管也创造出了杰出的贡献,其所蕴涵的持久的艺术生命力,却为后世的画家留下了继续发扬光大的广阔余地。

同时,辽、金等少数民族政权统治下的画苑,大体上亦受汉化的影响而呈现为如上所述的两种不同倾向。如辽的萧瀜擅画花鸟,李赞华、胡瓌擅画番马人物,均出于唐宋的工笔传统;金的王庭筠、王曼庆父子擅画云山和竹石,则出于北宋的水墨风范。

第五章　元代的绘画

　　元代的蒙古族统一全国之后，对汉族的文化艺术持歧视的政策，这在汉族知识阶层的心理上造成了极大的抵触情绪，反映在绘画方面，便导致了文人画的鼎盛局面，成为中国绘画史上又一个高潮时期。我们知道，宋代之前的绘画史，一直以画工画占据主导地位，即使宋代的文人画，取得了正宗化的地位，但影响虽大，其势力依然未能与画工画相提并论。然而，元代废弃画院，画工们失去了寄身之所，画工画的发展遂一蹶不振；而文人们备受冷遇，这就从主客观两方面，使他们能够把主要的时间和精力投入到绘画的创作之中以发抒胸中的逸气，从而创造出中国绘画史上文人画的最高成就，并使文人画在画坛上居于压倒性的地位，从此成为绘画史的主流。

　　元代文人画的鼎盛，是以遗民画为先导的。所谓"遗民"，是指在改朝换代的历史事变中不与新王朝合作的知识阶层。传统知识分子一贯标榜气节，而忠君正是气节的一个重要内容。但是，元代以前的改朝换代，主要是汉族内部的权力更替，根据儒家"有德者据天下""良禽择木而栖"的说教，知识分子改事新君的问题，并没有被看得十分严重。而元朝则是以少数民族取代宋朝的正统政权,对于深受儒家大汉族主义影响的相当一部分文人士大夫来说,是无法接受的。他们在家国破亡的耻辱和痛苦中,恪守民族气节,谱写了一曲气壮山河的民族正气歌。反映在绘画领域,便是遗民画的崛起,以愤恨哀怨的笔墨,抒写其不屈的精神。不过,遗民画的强烈政治倾向,毕竟有别于一般文人画平淡天真的超脱性,其所处的特定的历史时期,也有别于一般文人画的时间和空间背景。因此,从严格的意义上来说,二者毕竟还是有所区别的。

当元朝的统治成为定局,知识阶层的创痛逐渐抚平,他们的情操便由政治的狭隘天地超越到对于整个人生的冷静认识和理解,文人画的发展也就被提升到了一个新的境界。

与宋代文人画相比,元代文人画具有四大明显的特征。其一,题材扩大了,由简单的梅、兰、竹、石扩展到森罗万象的山水,并使山水画从此以后成为中国绘画史上最重要的一个永恒主题和无限象征。其二,画法更加严谨了,由宋人的"墨戏"变为注重传统动力的锤炼,以简率的笔墨形式,更加完美地般配了高逸的思想境界。这两点,无疑是由于元代的文人比之宋人有更多的时间和精力投入绘画创作的缘故所致,对于他们来说,画画不再只是词翰的"余事",而是成了自己的专业。其三,在具体的形式处理上追求以书入画,讲求用笔、用墨的书法趣味。其四,在画面的意境构成上追求以诗题画,讲求诗情画意的相得益彰。这两点,在宋代的文人画中虽然也有所表现,但元代的文人画则使之更成熟、更普遍了。由于如上的四大特征,相比于宋代的文人画,元代文人画更成为后世所景仰的典范。

需要指出的是,元代的文人画不仅仅只是局限在汉族的文人士大夫圈子中,它也深刻地影响着失去画院依托的广大职业画工,同化着少数民族中的一些有识画家。其影响波及当时的整个画坛,而反映在不同的画科中,又各有不同的成就。

首先,从人物画来看,不仅无法与前代的人物画相比,也无法与同时代的山水、花鸟画并论。当时的一般画家,尤其是文人画家,对人生多抱一种疏远的冷漠态度,这种态度,既导致了人物画创作数量和质量的下降,也导致了人物画题材和技法的转换。从题材上看,鞍马和高士成为两大基本的母题。我们知道,马,历来被作为士大夫人格精神的象征,所谓"千里马常有,伯乐不常有",所以,通过画马,正隐寓了士大夫们失意于时的苦衷;而高士图的创作,则无疑是身处异族统治下的士大夫们恪守民族气节的自我写照。从技法上分析,大体上可以分为古意派、禅画派和写真派三派。古意派以晋、唐、北宋的传统为楷模,禅画派继承了南宋梁楷、法常的路数,写真派则直接面对真人进行写生创作。

古意派的代表画家有钱选、何澄、赵孟頫、赵雍、任仁发、王振鹏、张渥等。钱选,字舜举,号玉潭、雪溪翁,吴兴(今浙江湖州)人,南宋末年中进士,宋亡后绝意仕进,以诗画自娱。擅画人物、山水、花鸟,画风精工巧致,但丝毫没有匠气,而是洋溢着一片清高出尘的书卷气,标志着两宋宫廷画向元代文人画的一个转折点。其人物画的代表作品有《柴桑翁图》卷,写陶渊明归田隐居的生活情景，人物形象高古，衣纹用游丝描，比晋、唐人要轻秀一些，比宋人又要古拙一些，自题"图此以自况"，可见其情操高致。

何澄，燕京（今北京）人，元世祖时任昭文馆大学士、中奉大夫。虽身在魏阙，却心存江湖，曾分段画陶渊明《归去来辞》为《归庄图》卷。人物用方笔线描，山石树木则干墨燥锋，略有南宋院体遗风，但不为狂肆，专意平淡，开启了元人简率蕴藉的先路。

赵孟頫（1254—1322），字子昂，号松雪道人，谥文敏，吴兴（今浙江湖州）人。他是宋朝的宗室，宋亡后历任元朝的各种显赫官职，但统治集团中不少人对他持猜疑的态度，使他深感官场的险恶，于是把自己的精力充分地发挥到了文艺的创作之中，来寄托苦闷的心情。他精通音律，善于鉴定古器物，擅长书法，精于绘画。单以绘画而论，人物、鞍马、山水、花鸟，无一不精，工笔、写意、水墨、设色，无所不能。他不仅擅长创作，更在理论上有重要的建树。在中国文化史上，像他这样具有多方面成就的人物，实在是非常罕见的。而且，元代的许多知名画家，几乎都与他有关，有些是他的亲属，如妻子管仲姬、儿子赵雍、孙子赵凤、赵麟、外孙王蒙；有些是他的朋友，如钱选、高克恭、李衎；有些是他的后辈和学生，如唐棣、朱德润、柯九思、黄公望、陈琳、王渊等。因此，他是元代画坛众望所归的公认领袖，元代画风的确立，是同他的提倡和影响分不开的。

赵孟頫对于绘画的主张，是强调"画贵有古意"。所谓"古意"是针对南宋的"近世"画风而言。他要求摆脱工细靡丽和刚劲粗放的作风,直接北宋、唐、晋的古老传统,从中汲取重建汉族文化的精神力量,创造一种简率蕴藉、典雅文静的中和之美。具体反映在人物鞍马画方面,则要求"刻意学唐人,欲尽去宋人笔墨",也就是以唐画线描的空实明快、赋色的辉煌灿烂,来变化宋画笔墨的文弱秀雅。传世作品有《红衣罗汉图》卷、《秋郊饮马图》卷等,用线生拙凝重,赋色浑融冲穆,确乎是"古意"盎然,虽然严谨工整,却一点不见刻画细谨的习气,而有简率遒迈的逸致。

他的儿子赵雍,字仲穆,作风与之相近,只是在气格上稍嫌拘谨修饰,不够萧散简率。

任仁发(1254—1327),字子明,号月山,松江(今属上海市)人。他仕元朝为水利官,公务之余致力于绘画创作,画人物鞍马取法韩幹、李公麟,当时与赵孟頫齐名。所作《二马图》卷,画花斑肥马一匹,毛色光华,春风得意;红棕瘦马一匹,肋骨尽见,疲惫不堪。画上长题,大意是以马的肥瘦比喻为官之道,贪官污吏瘦了百姓而肥了自己,清廉的官员即使瘦了自己是否又能真正使国家百姓肥起来呢? 我们知道元朝吏治腐败,贪民污吏横行不法,正直的汉族士大夫则处处受到排斥,任仁发借题发挥,可谓用心良苦,但事实上又是于事无补的。

王振鹏,字朋梅,号孤云,永嘉(今浙江温州)人,活动于皇庆、延祐年间,累官至漕远千户。工画人物,亦精界画楼台。他虽在朝廷为官,但并不得意,常常向往高人逸士的隐居生活。所传《伯牙鼓琴图》卷,水墨画春秋时俞伯牙、钟子期高山流水、知音相赏的故事,实际上隐寓了他自己的理想情操。画法学李公麟白描,人物神情平淡,笔法流利挺健;但渲染淡墨较多,与一般的白描法稍有不同。

张渥,字叔厚,号贞期生,祖籍淮南(今安徽北部),移籍杭州(今属浙江省),活动于后至正年间。他博学多艺,但科举不利,于是专注于诗画。尤长于人物画,学李公麟白描法,曾临摹李的《九歌图》,笔法如行云流水有起倒,不施丹青而如有光彩照人。又画《雪夜访戴图》轴,水墨画东晋高士王子猷雪夜访戴逵的典故,变化李公麟的白描法而稍加渲染,已逐渐偏离了古意,表现出向明代人物画市民化倾向转移的趋势。

禅画派的代表画家有龚开和颜辉。龚开(约1221—1307),字圣予,号翠岩,江苏淮阴人。南宋末年曾参加过抗元斗争,元朝一统后以遗民的身份往来于江南文坛,借绘画发泄其胸中的磊落昂藏、峥嵘郁勃之气,是一位典型的遗民画家。所画《骏骨图》卷、《中山出游图》卷等,皆有明确的寓意,极其悲凉慷慨。画风则水墨粗放,笔性刚斫,正是南宋禅宗画的衣钵相传。

颜辉,字秋月,浙江江山人,活动于宋末元初,好画观音、李仙等道释题材,笔法精劲奔放,墨气深厚粗犷,黑沉沉的有一种阴森之感。其作品东传日本,备受青睐,在中国本土,则因不合文人中和之美的理想,所以影响不是很大。从贯休到法常,曾一度异军突起于五代、两宋画坛的禅宗画,从颜辉以后便告斩焉绝响了。

写真派的代表画家是王绎(约1332—?),字思善,号痴绝生,杭州(今属浙江省)人。他以传神为业,曾提出肖像画创作的精义,应在对象叫啸谈笑之间捕捉其"真性情",而不应使其正襟危坐如泥塑人作僵板的刻画。所画《杨竹西小像》卷,描绘隐士杨竹西拄杖信步时的形态,确实称得上是形神兼备的写真妙笔。小像面部全用细笔勾出,起伏转折笔笔入肉,略染淡墨,来加强它的立体性,一种萧散恬淡的神气活现纸上。背景由倪瓒补画松石,冷峻孤高的笔墨与人物萧散的形神十分相配,进一步烘托出现实生活中高士的典型形象。

与人物画相比,元代山水画的成就称得上是非同凡响。它在宋代山水画的基础上,真正把文人画山水全面地变成了文人山水画。其特征有二:一是主题的转换,二是技法的转换。

我们知道,从来的山水画大多热衷于行旅的主题,如李昭道的《春山行旅图》,关仝的《关山行旅图》,范宽的《溪山行旅图》等等,即使一些不以"行旅"命题的作品,从其点景人物来看,所表现的主题也是"行旅"。可是,元代的山水画,大多以"山居""渔隐"等命题,即使不以"隐居"命题,从其点景人物来看,所表现的主题也是"隐居"。这与当时的人物画创作侧重于高士题材是相一致的,反映了元代文人士大夫立身处世的原则,由此,他们对于山水画的要求,自然也就从"可游"转向了"可居"。

从技法表现上来看,侧重于"行旅"主题的"可游"之景,注重于对象客观真实性的描绘,对于东南西北、春夏秋冬、朝暮阴晴的不同地理、不同季节、不同气候的刻画,是严格写实的,如董源写江南风光,李成写齐鲁风光,范宽写关中风光,地理学的特征十分明显。而侧重于"隐居"主题的"可居"之景，则注重于以简率蕴藉、萧散写意的笔墨来发抒主观的情感，而不太注意于对象客观真实性的刻画描绘。

传统山水画的这一新境界，是由赵孟頫、高克恭所开创出来的，尤其是赵孟頫的贡献更为突出。他的山水画注重于传统精华的全面继承发扬，风格面貌极多，特别是熔铸董巨的浑厚华滋和李郭的严整森肃于一炉，从而形成典雅蕴藉的时代风貌。对于南宋的院体，则认为过于刚劲，有失中和之美，所以竭力加以反对。他对于传统的这种态度，正是"画贵有古意"的理论主张在山水画创作中的反映。因此，尽管他也讲过"到处云山是我师"并从生活中汲取创作的素材，但他的侧重点，始终是在"古意"的发扬光大，并致力于将北宋人的画法加以"萧散"的处理变换，实处转松，真趣乃出。所传《重江叠嶂图》卷、《双松平远图》卷等，是李成、郭熙的一系，但"一片江南"式的布局立意，当与董巨画派有关。他的用笔，干而毛，略带飞白，极少皴擦，更没有水墨的烘染，纯粹是毫无假借的一笔一画，体现了萧散写意的抒写性，尽管其形式来自于李郭刻画写实的描绘，但由于经过了提炼和脱化，已是门户大撤而蹊径另辟了，并以此而引导了嗣后黄公望、倪瓒画派的形成。又有《鹊华秋色图》卷，所描绘的是齐鲁的真实风光，在画法上却舍弃了李郭而取董巨，披麻皴、荷叶皴深静而又浑凝，散落的点子幽雅疏朗，富于田园诗的节奏韵律。清晰沉着的笔路，似乎是信手涂抹而成，但又周密具体，笔笔送到，实开王蒙风格的先声。

高克恭(1248—1310)，字彦敬，号房山，大都(今北京)人。他的祖先是西域人，高克恭按其族属，得以跻身上层统治集团，累官刑部尚书、大名路总管等显赫的职位。但因他心仪汉族悠久的传统文化，在从政期间，对汉族知识阶层特别加以礼遇，所以，受到统治集团中其他人的排斥，他的政治才干也无法得到正常的发挥，于是沉浸于绘画艺术的创作之中，来排遣各种世俗的烦恼。

在元初画坛，他和赵孟頫一北一南，是公认的两位领袖人物。不同的只是，赵孟頫具有多方面的才能，高克恭则局限于山水和墨竹两个科目，但所达到的成就却是同等的。他们二人不仅有着密切的私人交往，而且常在一起进行创作交流，为不同民族、不同地区的艺术融汇起到了模范的促进作用。北方的画派，本以雄豪见长，因江南清新流丽画风的熏陶，得以趋于文雅；南方的画派，本以秀媚见长，因北方浑穆苍茫画风的感染，得以趋于遒劲。二者互为渗透，便形成元代文人画的典型作风——萧散简率。

高克恭的山水，最早是从金朝的王庭筠、王曼庆父子入手的，学米氏云山，进而上溯董巨，终于自成一家。所以，论他早年的画笔，以墨点所组合的云山雨树，气局显得较小，欠缺了笔势烂漫、自然流露的意象，评者以为"秀润有余而颇乏笔力"。究其原因，是因为从米氏的"流"来学米的缘故，就不能不落后一着了。其晚年的画笔，则明丽洒落，笔墨兼备，粗重的勾皴，圆浑的点墨，有一种"黑入太阴雷雨垂"的气概。从巍峨的主峰到缥缈的白云，从溟濛的远树到苍莽的近景，勾、皴、点、染，一气呵成，品格高而韵度出人意表，令人心降气下，绝无可议，而后世也就把他与米相提并论了。究其原因，是因为从米氏的"源"来学米的缘故，力争上游，也就有了一些自己的风貌。

赵孟頫和高克恭虽然是元代山水画的开创者，但是，最能代表元代山水画乃至整个元代绘画成就的，则是嗣后以黄公望、吴镇、倪瓒、王蒙为代表的"元四家"，四家的山水，既有各自的鲜明特点，又有时代的共同风貌。他们在政治上都是不得意的落魄文人，在艺术上都强调绘画的自娱功能，在传统师承上又都以董巨为渊源并自出新意。清代的王原祁曾经指出："董巨全体浑沦，元气磅礴，令人莫可端倪，元季四家俱私淑之。山樵（王蒙）用龙脉多蜿蜒之致；仲圭（吴镇）以直笔出之，各有分合，须探索其配搭处；子久（黄公望）则不脱不粘，用而不用，不用而用，与两家较有别致；云林（倪瓒）纤尘不染，平易中有矜贵，简略中有精彩，又在章法、笔法之外，为四家第一逸品。"①这段话评论四家的艺术特色，颇为中肯。

黄公望（1269—约1354），字子久，号大痴、一峰，常熟（今属江苏省）人。本姓陆，名坚，后过继给永嘉某黄姓而改姓名。年轻时为吏，因事入狱，出狱后入全真教，以卖卦为生，绘画为娱。在"元四家"中，黄公望被置于第一家，这不仅因为他的生年在另三家之前，更因为就艺术本身而论，他对于前人的传统，尤其是

---

① 清·王原祁《雨窗漫笔》，《历代论画名著汇编》本。

董巨,具有某种"正宗法派"的意义,而对于后人,尤其是明清的画家,又具有某种"典范图式"的意义。

所谓"正宗法派",是指他以董巨为基础,将前人的优秀传统化为自己的艺术理解,搜抉其意蕴,洗发其精神,而不入一笔蕴藉萧散之外的画派。所谓"典范图式",是指他的作品无论布局位置还是笔法墨法或者浅绛的设色法,都提供了后人一种既可学而至又具有相当宽容度的规范准则,而不像一般的个性创造,使后人难以仿效,或仿效之后难以有所拓展。明清画家无不对黄公望顶礼膜拜,以至于出现了"家家大痴,人人一峰"的局面,这绝非偶然。

虽然,在他的创作中也注意到生活中去搜集素材,尤其是对于虞山、富春山的体验更深。但从他的作品来看,对于真实的境界,只不过吸取一点意思而已,相比于宋人,明显削弱了描绘对象的深刻性,而侧重于散淡的胸襟的传达,着意于稀疏的笔墨的创造。传世的煊赫名作《富春山居图》卷,历数年而成,但试从富春江上泛舟上溯,两岸的山色,以真景对照他的画笔,仅是一种约略的契合。令人所迷醉的,乃是不太多的长的、短的、尖的、秃的、枯的、湿的、明确的、飞白的、毫不混杂的点线的组合,再用一点淡淡的水墨来烘染,有时则连烘染也没有,就这样把它的笔墨有精神地全部抬举了出来,显得遒逸而又豪迈,精彩而又纷呈。这种写意的笔墨,最早见之于赵孟𫖯的创作,但赵的意境是介于宋元之间的一种过渡形态,而黄公望则完全于宋人之外自立了元的门户。

　　吴镇(1280—1354),字仲圭,号梅花道人,嘉兴(今属浙江省)人。他一生隐居乡里,不与达官显宦相往来,所结交的多为高人隐士、释门羽流。尽管生活困顿,但安贫乐道,高自标榜,在人生和艺术上都不甘于随波逐流。当时,与他同里而居的盛懋是赵孟𫖯的学生,以画谋生,求者踵门。吴镇的妻子希望他也能出卖一些作品以改善生活,他却表示:士大夫的绘画只不过是适一时之兴趣的笔墨游戏,世人未必赏识,我的艺术,须待后世人的欣赏才能有真正公正的评价。

　　他的画风,与黄公望、王蒙、倪瓒三家相比较,具有明显的不同。三家重用笔,多以干笔皴擦于纸本;吴镇则重用墨,多以湿笔积染于绢本。构图章法,三家或简或繁,均以平稳为主;吴镇则追求奇险,平远、高远、全景、边角,不拘一格。画面题款,三家均用楷书或行书;吴镇则用草书。传统师承,三家均以董巨为宗;吴镇则兼取李郭、马夏。

　　从他所流传的作品,几乎全部都是槎枒老辣的秃笔,而苍秀的尖锋是少之又少的。吸取董巨的画派,山的皴笔是长线条,有时排比得平直一些,简少一些。吸取马夏的画派,横刮的皴笔虽然淋漓,但已稍稍偏向于湿润的一面,而没有刚劲如斧斫的情味,显然是相对于董巨的中和了。吸取李郭的画派,则主要着眼于树木的森严雄伟,至于墨法的圆浑,是与李成的惜墨无关的。他喜欢画江上渔父的生活情景,回想当年,在风雨飘摇的时势之中,一勺南湖,正是他安顿心灵的“世外桃源”,所以也成了他最有感情的题材。

倪瓒(1301—1374),字元镇,号云林,无锡(今属江苏省)人。他出生于一个富豪之家,从小生活优裕,家中有园林楼阁,藏书达数千卷。后来时局动荡,天下即将大乱,他便疏散家财,蓑笠扁舟,往来于太湖一带的山水之间,成为中国封建社会中"斯世与斯人,邈矣不可攀"的高蹈士大夫的典型,与东晋的陶渊明千古辉映。

他擅长山水和墨竹画。对于绘画,他特别强调写意的精神,曾多次表示:"仆之所谓画者,不过逸笔草草,不求形似,聊以自娱耳。"①"余之竹,聊以写胸中逸气耳,岂复较其似与非,叶之繁与疏,枝之斜与直哉! 或涂抹久之,他人视以为麻为芦,仆亦不能强辩为竹,真没奈览者何。"②所谓"逸",有二义,其第一义为逃避,逃避世情,逃避现实,逃避政治,是为"胸中逸气";逃避常规的画理画法,是为"逸笔草草"。第二义为安逸、轻松,超然世外,是为"胸中逸气",萧疏松秀,是为"逸笔草草"。

与黄公望、吴镇、王蒙不同,倪瓒的绘画删繁就简,通过高度的提炼概括,将景观物象净化到三段式的平面构成:近景平坡上几株寒树、一座茅亭;远景是一片平缓的沙渚峦影;中景大片空白,表示平静寥廓的湖水。画面上,不见飞鸟,不见舟楫,更不见人迹,所有的只是宁谧、空旷、萧瑟、荒寒,寂寞无可奈何之境,就像是梦幻中所见的超现实的境界,满目苍凉,自在化工之外一种

---

① 元·倪瓒《清闷阁全集》卷十《答张藻仲书》,清康熙刊本。
② 元·倪瓒《清闷阁全集》卷九《跋画竹》,清康熙刊本。

灵气。他的画法,萧疏而松秀,平淡而又天真,折带皴似嫩而苍,间用拖笔,枯渴中有一种毛茸茸、沙溜溜的韵味,评者以为前所未见,"脱尽纵横习气"。淡淡的、干干的笔锋擦在纸上,稀少而又轻薄,有时甚至不能盖没笔墨下面的纸质,然而却有精神地笼罩住了整个画面,如有清气照人,使人爽朗而有清醒的情味。所以,当时有人曾赋诗评其画品:

> 倪郎作画如斫冰,浊以净之而独清;
>
> 溪寒沙瘦既无滓,石剥树皴能有情。①

用冰、净、清、寒、瘦、情六个字来形容倪瓒的逸格画品,无疑是十分适合的。这种高蹈的画品,为后世的文人士大夫所永远景仰,甚至以家中有无倪画作为自身人品清浊的雅俗分野。云林画,渊明诗,有形无声,确乎是中国文化史上并垂于士林而足以不朽的两大人文创造。

倪瓒的朋友王蒙(?—1385),字叔明,号黄鹤山樵,吴兴(今浙江湖州)人。他的人品、画品与倪瓒恰好成为一个极端的对比。年轻时,他虽也曾高卧白云,醉写青山,但他的内心其实是一直热衷于名利的,元亡后出仕明朝,卷入胡惟庸的党案之中,最终死于狱中。

王蒙是赵孟頫的外孙,从小受到良好的艺术教育,在绘画的功力修养方面胜人一筹,被称为"元世刻画第一",无非是指他特别能画的意思。其取景结构千变万化,层出不穷,其笔墨的深

---

① 元·郑元祐《侨吴集》卷五《元镇画》,明弘治刻本。

厚,更被认为力能扛鼎,"五百年来无此君"。因此,他的画风与黄公望、吴镇、倪瓒相比,虽然同出董巨的传派,却别具个性。黄公望遒迈萧散,吴镇沉郁滋润,倪瓒萧疏简淡,王蒙则苍茫浑厚。三家重用水墨,王蒙兼擅赋色。与倪的风格反差更大,倪的用笔极轻,用墨极淡,王则用笔极重,用墨极浓;倪的构图极简、极疏,王则极繁、极密。但形迹的差异,依然内含着共通的传统渊源和时代精神。

传世《青卞隐居图》轴,是画史上公认的杰作,有"天下第一王叔明"之称。画面描绘画家曾经栖隐过的卞山风景,主峰高耸,山峦回抱,杂树蓊翳,林木青翠,飞瀑奔湍,溪水清澈,山坳草堂中有高士抱膝而坐,应是画家本人的自我写照。整个画面,融高远、深远、平远于一局,皴法糅合披麻皴、卷云皴、牛毛皴,以配合不同对象形势的质感表现,笔势灵秀,墨韵蓬松,尤其是以破而毛的渴笔重墨满山打点,苍苍茫茫,使丘壑密致中剔透出玲珑的精神。整个描绘,绞缠着繁密的线条和点子,是对董巨乃至李郭写实技法的综合变化,从而导入了元人写意的境界之中。

除赵孟𫖯、高克恭和"元四家"之外,元代山水画坛上专学李郭一派的也有所成就。如曹知白、朱德润都是由赵孟𫖯简率温和的笔调而出,略参董巨;唐棣则步趋郭熙,成为公式化的表现,修饰过甚,意境稍逊。两相比较,自不难明了,文人山水画的笔墨形式当以董巨的江南画派为旨归,而李郭的北方画派,至多只能算是支脉了。

元代的花鸟画,虽与山水画一样,也致力于由宋而元的文人化努力,但它所取得的成果,却未能达到像山水那样尽善尽美的境界。我们知道,宋代花鸟,文人的水墨写意与画院的工笔设色各张一军,辉映于院墙内外;元人则既不满于文人的粗阔脱略,又不满于画院的纤细浓丽,而试图将二者加以综合调和,创造出一种像山水那样既不落于刻画又比较严谨的图式。这一企图,反映于文人画竹,也反映于画工的花鸟中,虽然尚未完全泯灭二者之间的分野,但毕竟拉近了它们的距离。在此基础上,最终泯灭二者的距离,真正完成文人花鸟画的创造,是明代中期吴门画派的贡献。

当时文人画竹的第一位代表,是南宋的遗民郑思肖,字所南,福州(今属福建省)人。入元后,他恪守民族的气节,借兰花来表现自己的耿耿孤忠和无穷遗恨,所画常不作根土,别人问他,说是"土已为番人夺去"。但从他所画的艺术性来分析,仍不出宋人"墨戏"的范畴,比之赵孟坚,是退步了,而不是进步了。概而言之,这只是一种意气用事,论绘画性,是不足称道的。

赵孟頫就不一样了,他真正着眼于画之所以为画的绘画性,然后立足于绘画性的角度来追求文人画应不同于画工画的抒写性,倡"书画同源"之论。见之于其《秀石疏林图》卷后的一首题画诗,将这一论点表述得再清楚不过,所以,千百年来脍炙人口:

石如飞白木如籀,写竹还于八法通;

若也有人能会此,方知书画本来同。

对照画卷,坡石的勾皴以侧锋斫扫,苍劲的笔通中丝丝露白,正是书法中典型的"飞白"法;画枯木笔笔中锋,点画凝重,显出钟鼎籀文的意趣；写竹叶用八分书法，丰腴而又敦实，枝叶纷披，摇曳生姿。整个画面，以轻重疾徐的笔势，配合了干湿浓淡的墨彩，来摄写对象的形和质、态和势、情和意，称得上是一件融书法于画法的杰作，水平是远在苏轼之上的。

在文人画的发展过程中，苏轼曾提出"诗画一律"的观点，所解决的是文人画的意境问题。但从描绘的形式来看，当时的文人画家或者胡涂乱抹，或者虽较画工画法要自由、活泼一些却仍嫌过于严谨，这就局限了"诗画一律"意境的完美传达。而赵孟頫进而提出"书画同源"的观点，要求用书法的用笔来分别地描写不同的物象，化刻画写实为萧散写意，虽萧散写意又不沦于胡涂乱抹。这就很好地解决了文人画的形式问题，以抒写性与绘画性相结合的简率作风，为"诗画一律"的意境传达铺平了道路。

与赵孟頫同时的李衎（1244—1320），字仲宾，号息斋，大都（今北京）人。他是北方的汉人，在统治集团中地位很高，却不得重任，于是以画竹作为自己的精神寄托。他曾画过一幅《纡竹图》，从竹子的托根不得其地而遭受种种磨难，引申出对士大夫处世立身艰难的感慨，曲折地表现了他对社会现实的不满。

他的画竹渊源，是由金的王庭筠父子上追文同，并致力于实地写生，深入竹乡，搜集创作的素材，用功之勤，几可与画工媲美，文人中罕有伦比。除墨竹之外，兼擅双勾设色竹，水平之高，同样可与画工媲美，文人中罕有伦比。因此，他所画的墨竹，比之赵孟頫，在形似方面更进一筹。

稍后的柯九思（1290—1343），字敬仲，号丹丘生，台州（今浙江仙居)人。他也是统治集团中的显赫人物,却时时遭到打击,难以施展自己的才干,于是借竹自寄。受赵孟頫的影响,他对以书入画的方法心心相印。所以,相比于李衎清影婆娑的写实挥洒,他更倾向于萧寒老辣的意境,物象的结构和形体要简略一点,枝叶间的繁文细节也不作周密的交代,朴质的形象,所强调的是笔墨的浑厚和凝重。

同时的顾安(1289—1364),字定之,号迂讷老人,淮安(今属江苏省)人,其墨竹的体貌则又近于李衎,而风骨较李更为柔媚。他好写新篁的细竿嫩叶,吟风泻露,以明洁的笔墨和精巧的铺陈表达楚楚的怜意,风格已近于明人了。

墨梅画的代表作家是王冕(? —1359),字元章,号煮石山农,会稽(今浙江绍兴)人。他曾广泛游历天下,目睹黑暗的社会政治,于是隐居九里山中以画梅花自娱,是继扬补之以后最负盛名的一位墨梅画家。而推其渊源,正是出于扬的,只是在艺术表现上,变扬的疏花冷蕊为繁枝密蕊,有一种欣欣向荣的迎春之意。其花朵或作双勾,接线处驻笔停顿,加强了它圆浑凸出的饱满性;或用墨晕,水渍处极其晶莹圆润。画枝干,新梢拉得很长,梢头露出笔的尖锋,一种弹性起落的韧劲,不同于扬的稍嫌刚斫,而进一步强调了它的清拔性。

源自画院工笔设色的花鸟画体,在废弃了画院的元代,可以说是"皮之不存,毛将焉附"了。于是,在这一画体熏染之下的画工,不得已而转向文人画家靠拢,结果,他们的画风也有意无意地幡然改图,成为墨花墨禽的新体。

　　例如,南宋画院待诏陈珏之子陈琳,字仲美,钱塘(今浙江杭州)人,入元之后从赵孟頫游,画花鸟一变家传的纤丽画法,而出之以笔势粗拙的水墨淡彩,一时备受文人士大夫们的推崇,被认为是南宋二百年间"工人无此手也"。

　　另一位杭州画工王渊,字若水,号澹轩,也是赵孟頫的学生。他画花鸟原学黄家富贵的艳丽作风,经赵的点拨,屏去五彩,改用水墨,被称为"当代绝艺"。其画法的特点是工整的双勾再加上水墨的晕染,仿佛是把宋代画院的设色作品翻拍成为黑白的摄影照片。而经过这一以墨代色的变换,尽管其他的一切从布局、造型到具体的画法,基本上与画院的传统无异,而清新俊逸的宋人风华,却飘然远逝了,代之而呈现在我们面前的,是一种朴茂庄重的情调。

　　稍后于王渊的张中,又名守中,字子政,松江(今属上海市)人,活动于至正年间。他是一位世家子弟,有一定的文化修养,多与文人士大夫交游,并曾向黄公望学画过山水。尤精水墨写生,比之王渊,在推动花鸟画文人化的道路上更加深入了一步。所作用笔松秀而灵动,墨色清淡而雅致,给人以神情骨俊之感,说明他所关注的,不在坚实恢宏的骨体和稳健华美的功力铺陈,而在于率意流丽的才情挥洒。他的这一创意,在当时已赢得了"写生第一"之誉,进而直接影响到明代的沈周,最终确立了文人水墨花鸟画的体裁。

第六章　明清的绘画

　　明朝以汉族的正统政权取代了蒙古族的统治,清朝又以满族入主中原,但这两个王朝的政治文化,事实上却是一脉相承的,而不是像宋元的更替那样导致了许多重大的原则性分歧。因此,反映在绘画方面,也就有它们的共通性,较为一致地体认了中国封建社会后期的一些审美思潮。概而言之,大约可以分为四个方面。

　　第一个方面,是宫廷绘画的复兴。明朝统治者从刚建立政权开始,就着手恢复各种汉族的传统文化典章制度,包括宫廷画院的体制。在明代,虽然没有正式的画院,但锦衣卫中所附设的画家制度,与五代、两宋的翰林图画院具有同样的功能。而清朝以满族定鼎北京以后,也一直以汉族正统文化的继承者自居,致力于传统文化集大成的建设工作,如意馆等机构对于供奉画家的编制,同样具有画院的性质。

　　第二个方面,是文人画的暗转和绘画商品化的兴起。由于明清两代,市民阶层日趋壮大,商品经济迅速扩大,传统的价值观念也发生了巨大的变化。受此影响,文入画的创作从功能目的到题材形式,均出现了与宋元文人画判然殊途的格局。我们知道,魏晋隋唐的文人绘画,画家的心境超前于技法,属于"前文人画"阶段;宋元的文人画,画家的心境与技法正相匹配,是真正意义上的"文人画"阶段。进入明代以后,尽管文人画家们的创作,在笔墨技法形式上还沿袭着宋元的传统,但他们的心境早已从超逸之境下滑到世俗的层次,许多画家从事创作的目的并不是为了"自娱",而是为了以画谋生,这一心境落后于技法的艺术暗转的格局,我们称之为"后文人画"阶段。在这一阶段,一面是拥有强大经济实力的商贾阶层,需要通过附庸风雅以改变自身"四民"之末的社会地位;另一面是无意或无能进入仕途,但又失去了庄园依靠的文人士大夫,需要出卖自己的作品以求得基本的物质生活条件。所谓"富贵近俗,贫贱近雅……俗中带雅方能处世,雅中带俗可以资生",于是导致了画坛雅俗共赏的风尚。至于一般的画工,以市场的途径卖画为生,更成为一种风气,绘画商品化的局面正式形成。

第三个方面是西洋绘画的传入。伴随着西方传教士的东来,西方注重科学数理的各种绘画作品和技法也陆陆续续地传到中国,以其精确的写实性,对于传统绘画侧重于意境、笔墨的观念形态提出了严峻的挑战,同时也为传统绘画向近现代的转轨提供了必要的借鉴和重要的契机。

第四个方面,是绘画画派的蜂起和画家们对于画科题材的全能。明清各种画派的确立,或因师承的关系,或因地域的关系,或因画科相近的关系,或因风格互通的关系,此起彼落,相互争奇斗胜。这实际上反映了市场经济形势下的绘画史发展所必然面临的竞争性。至于画科题材的全能,显然更与卖画谋生需要适应买家不同的需求密切相关。总之,除了元代以前左右绘画创作风气的宫廷贵族和文人士大夫两大传统的审美趣味之外,明清所崛起的市民阶层的审美趣味,对于绘画史发展的影响之大,是不能不令人格外关注的。当然,反映在不同的画派、不同的画科之中,这种影响的大小也是各不相同的,不可一概而论。

明清绘画史上首当其冲的一个重要画派是浙派。所谓"浙派",是以戴进为代表的一批浙江籍的职业画工,其画风取法南宋院体的刘李马夏,以粗豪劲利的笔墨特色取胜。同时而稍后又有以吴伟为代表的江夏(今属湖北省)地区的一批职业画工,号称"江夏派",其传统师承和笔墨特色与浙派完全一致,所以也被包括在广义的浙派范围之中。这两派的画工,不仅在社会上以画谋生,而且有不少进入宫廷之中,成为锦衣卫的供奉画家,是宫廷绘画创作的主要力量,画史上或称"宫廷派",同样也被包括在广义的浙派范围之中。

浙派在明代前期的兴盛并受到统治者的青睐,是有特定的社会原因的。南宋水墨苍劲的院体作风,在元代的近百年间受到文人士大夫的一致抵制,被认为不入大雅的鉴赏心目,而几乎致于销声匿迹,但在其发源地杭州地区,依然衰而不息,一直延续到明代。明代的开国元勋,或为农民出身的武将,文化水准较低,他们的审美判断,自然倾向于雄放的风格;或为士人出身的文臣,则几乎全是浙江籍贯,他们的审美判断,当然也倾向于家乡的情调。再加上元代蕴藉的文人画风，主要分布于吴中，而明王朝的建立，吴中张士诚的政权曾是它的死敌，所以明代前期，统治者对吴中士人最为忌恨，连带自然也累及到流行于吴中的文人画风；同时，明朝取代了元朝蒙古族的统治，而需要恢复汉族的传统体制，为元朝所覆没的南宋的文物典章，当然率先成为复兴的对象。

具体地分析，戴进(1388—1462)，字文进，号静庵，钱塘(今浙江杭州)人，他是浙派的开创者和领袖人物，善画人物、山水、花鸟，均有作品传世。曾入宫廷作画，因受排挤而离去。其画风以南宋李唐、马远为宗，兼学北宋的郭熙、燕文贵。用笔粗放而刚矿，简括而刻露，力量外露，内涵单薄。偶作淡荡清空的一路，较有别致。

吴伟(1459—1508)，字次翁，号小仙，江夏(今湖北汉口)人。曾入宫廷锦衣卫，并被授为"画状元"，但不久即离去。其早年的画风是比较工整细致的，不仅没有粗豪之气，反有文弱之嫌；中年以后变为苍劲奔放，阔略而又豪纵，刻露而又躁动，泼墨淋漓，猛气横发。画风上的这种大跨度转换，当与他迎合世俗和宫廷的审美趣味直接有关，由此足以窥见当时浙派的影响之巨大。

特别是宫廷之中，绘画的创作，不入于戴即入于吴，人物、山水，画手虽夥，面目单一，无足可观。倒是花鸟画的创作，虽然也是出于院体刚矿的一路，但面貌较为清新多样，代表画家有边景昭、孙隆、林良、吕纪等。

边景昭，字文进，福建沙县人。永乐年间召入宫廷，画风取法"黄家富贵",双勾填彩,精细淡雅,但稍嫌修饰板刻,气格远不如宋人的清新活泼。

孙隆,又名孙龙,字廷振,号都痴,毗陵(今江苏常州)人,活动于宣德年间。他不是职业画工,而是勋爵之后,官至金门侍御,常与宣宗朱瞻基一同探讨画艺。画法以没骨点簇,色墨并施,生动灵秀,属于小写意的风格,而色彩的渗化之妙,有近代水彩画的特点。对于后世文人写意花鸟的确立,有一定的启迪作用。

林良(1416—1480),字以善,广东人。他用水墨画花鸟,造型准确,法度森严,但不同于一般院体花鸟的刻画细谨;用笔粗劲,墨气豪放,但又不同于一般文人画竹的翰墨游戏。可以明确指出的是,他的花鸟画法,乃是借鉴了南宋院体水墨苍劲的作风,从而突破了元代墨花墨禽在工笔设色基础上以墨易色的规范,所作奔放淋漓,不拘细节。其狂肆的形体,虽然不合文人士大夫蕴藉文雅的美学理想,但对于文人水墨写意花鸟画的确立,同样具有启迪的作用,如沈周、唐寅和朱耷的画派,同他的瓜葛尤为明显。

吕纪,字廷振,四明(今浙江宁波)人,弘治年间入宫廷为锦衣卫指挥。他的画风,介于边景昭和林良之间,既有工笔设色的,又有水墨写意的。其工笔的一路,比边要清新一些;其水墨的一路,又比林要文秀一些。而无论哪一种作风,他对于树干和坡石的描绘,均像边、林一样,用大斧劈勾皴,清刚刻露,出于南宋院体。

　　总之,浙派借助于宫廷绘画复兴的力量极盛一时,但真正值得称道的成就是相当有限的。

　　在浙派和院体风靡朝野之际,元代的文人画派事实上也始终未曾衰歇,只是因为它没有新的创意出现,甚至反而有所退步,所以其成就也就不太引人注意了,如宋克、王绂、夏泉的墨竹,是学顾安的;陈宪章、王谦的墨梅,是学王冕的。不过,或许因为宋、王、夏都曾在朝中为官,陈、王则都为浙江籍,受时风的影响,他们的笔墨都显得过于刚硬了一些,与元人的蕴藉萧散已经有所异趣了。

　　倒是苏州地区的徐贲、谢缙、杜琼、刘珏,嘉兴地区的姚绶等,所画山水能恪守王蒙、吴镇等的风范于不堕,虽然名声和声势没有浙派和宫廷诸画家来得大,论艺术的成就,是并不在他们之下的。

　　终于,到了杜琼、刘珏的学生沈周登上画坛,开创了著名的"吴门画派",元代文人画的风气才得以重新复兴。所谓"吴门画派",简称"吴派",是以合称"明四家"的沈周、文徵明、唐寅、仇英为代表的一批苏州画家。当时的苏州,是全国商品经济的一个中心,围绕着这一中心而荟萃的人文艺术,自然也就染着了较多世俗的市民气息和商品色彩。因此,特别就绘画而论,所谓元代文人画风气的复兴,也只是相对而言。试与浙派作比较,首先,在画家的组成方面,浙派几乎全是职业的画工,而吴派则以文人为主体,当然也有少数画工如仇英。不过,吴派的文人毕竟不同于宋元文人画队伍中的文人,他们既没有官场仕途的俸禄可领,也没有农村庄园的租税可收,生活在城市之中,为了生存,他们不得不像职业画工一样,靠出卖自己的创作作为谋生的手段。只是由于文化修养不同,在审美的理想和表现的技法方面也就与宋元文人有所关联,而与一般的职业画工有所区别。因此,反映在艺术作风方面,浙派多追踪南宋院体,以粗放刚健见长,而吴派则以效法赵孟𫖯、元四家为主,以文静蕴藉取胜,较少学院体,尤其不学李唐、马夏粗硬的一路。

我们先来看沈周(1427—1509),他字启南,号石田,长洲(今江苏苏州)人,能画人物、山水、花鸟,而以山水的成就最为突出,其次是花鸟。其画派融汇宋元,尤其受王蒙、吴镇的影响更深。早期多作小幅,画风比较谨细,后期拓为大轴,笔墨趋于粗硬。他为人平和忠厚,上至达官显宦,下至平民百姓,他都一视同仁,和气相待,颇合于商品经济形势下的处世原则。因此,吴派画家中的许多人,无论是他的学生,还是他的朋友,都直接间接地受到过他的指导和影响,他也成了公认的吴门画派的领袖人物。

他的绘画,笔墨凝练而厚重,雄健而老硬,恢廓而宏敞,不以风华流丽见长,相反地显得有些质朴木讷。直率的用笔,笔锋微秃,很少婉转,在貌似平易中显示出倔强的个性。他的山水画有时用一种长而直的条子皴,来描写笨拙简单的山峰,短而胖的竖点子有规律地排比在山头上,其风规出于王蒙、吴镇之外,说明他企图在董巨之间发明一种新的格调,却没有能够取得成功。他的花鸟画变张中的流丽为朴实,又变林良的飞动为凝蓄,其基本的笔性实际上还是来源于吴镇的山水。把不同画科的画法融会贯通起来，以一法而贯众法，这是沈周对于文人花鸟画的一个创举。

继沈周而成为吴派领袖的文徵明(1470—1559)，原名壁，后以字行，而改字徵仲，号衡山，长洲(今江苏苏州)人。人物、山水、花鸟均擅长，而以山水的成就最大，其次是兰竹。他本是沈周的学生，并由沈周而上追董巨、二米、赵孟頫、元四家，拓展了传统师承的范围，于赵孟頫用功尤深，所以，作风比沈周来得文秀。根据当时的评论，有"细沈粗文"之说，意思是沈周的画风多粗硬，偶有谨细的作品则更为人们所珍重；而文徵明恰恰相反，作品以细秀的为多，偶有粗放的形体，同样受到人们格外的青睐。这当然是物以稀为贵的缘故，但也反映了吴派绘画从力矫浙派的粗硬渐次流于萎靡的趋向。在沈周的时代，人们厌倦了浙派横刮外强的作风，尽管沈周的粗笔比之浙派在性情上要显得温和一些，但人们依然不能满意，而希望他画得更细一点；到了文徵明的时代，细秀的作风弥漫画坛，所以人们又对粗放的形体别有会心了。

他的笔调，清刚而瘦削，墨色淡而平，气局拘索而少神气，笔势清劲而不免冗杂，总体上有一种木强的情态，缺少生动的韵味。细笔的描绘带有公式化的倾向，而粗笔的描写却绝无浙派的躁动习气。

他的朋友唐寅(1470—1523)，字子畏、伯虎，号六如居士，苏州吴县人。出身于一个商人家庭，从小才华横溢，后因科场受贿案的牵累对仕途失去信心，从此以风流自任，卖画为生。就画论画,他的成就是在沈周、文徵明之上的,但也许因为他放浪的性情,所以只能充当一名才子的角色,而不足以执画坛的牛耳。

他对于人物、山水、花鸟各科均擅长,山水足以与沈、文相埒,人物、花鸟则是超过了沈、文的。在画的作风方面,也是完全两路。沈、文是学元人的,上追董巨,唐寅却由周臣而取法南宋刘松年、李唐和郭熙。沈、文都是规行矩步、拘谨刻板的正人君子,唐寅却豪迈不羁,风流偶傥。沈、文都是稳健、木强的描写,唐寅却是笔墨与情韵并茂的挥洒。

我们先来看他的人物画,大体上有两种作风,一种水墨淡写,另一种工笔重彩,但二者的艺术情调则是完全一致的,文雅之中涵蕴了一种落魄市井的酸颓气息。著名的《秋风纨扇图》轴,水墨画汉成帝的妃子班婕好色衰恩驰的典故,用以自况身世。人物纤腰削肩、小眉小眼的造型,以及整体的纤雅气质,与前代,尤其是唐代的绮罗仕女画判然不同。唐代的仕女丰肌硕体,雍容大度,有一种富贵的气派,其原型当是上层社会的贵族妇女;此图的仕女形象则弱不禁风,其模特儿当是市井中的青楼妓女。这种风格的仕女画,在南宋院体的明眸粉颊中约略也可领会一二,但作为一种典型的图式,却是由唐寅所创立起来的。由于它恰合社会的风尚,从此之后被称说不衰,竞相仿效。

他的山水画喜欢用一种细长的线条来勾皴山石、树干,略有打滑,显示出其用笔的流利。笔性是清刚的,笔势是方折的,起笔、收锋处常带出笔的尖锋,而不是像沈、文那样多用木强的秃毫,这样来加强用笔的流动和风姿,正合于其横溢的才子性情。

烘染的墨彩,特别明洁滋润,但由于他不是追求浑厚苍茫的效果,所以略有单薄之嫌,偶尔也有学元人粗逸的笔道,有沉着遒迈之感;而纯粹出于马夏大斧劈皴的一路,所采用的笔势则刚劲而富于清挺雄健的意味。

他的花鸟画大约出于林良,但笔墨更加简练,造型更加概括,主题更加突出。虽然与林一样,他也是用飞动的、刚而方的笔墨来作粗放的写意,但比之林,更加严谨而又洒脱,更富于文的气质和诗的意境。水墨写意花鸟画,到了他的手里可以说是开出了又一新的境界。

仇英,字实父,号十洲,太仓(今属江苏省)人,居苏州。他以画工的身份而跻身"明四家"之列,仅从这一点,即可看出他不凡的绘画造诣。他也是人物、山水、花鸟兼擅,而以人物、山水的成就更著。长于摹古,取法南宋二赵、刘松年的传统,精工典丽,一笔不苟,功力极其深湛,在当时直至后世均有很高的评价。也能画粗放的水墨画,但它的情采都是细密文静的,绝没有浙派的粗暴。一种细腻的市井情感,流露在他的作品中,恍如我们今天还能见到的苏州各种人文景观如园林的意境。

他的人物画也有工笔设色和水墨清淡两种,作风与唐寅相近,但更加恭谨,而没有唐的风华外溢。他的青绿山水,缜密而又细丽,被公认为是二赵的后身、钱选以后唯一的高手,精工之极而不失士气。而水墨的一路,笔势之奔放,墨彩之鲜明,虽比之沈、文、唐也是不遑多让的。

需要说明的是,由于唐寅、仇英的画派,在传统的师承上以刘松年和李唐、二赵为主,与沈、文的以北宋和元人为主有所不同,所以,在画史上也有将他们另列一派,称之为"院派"的。这种说法,容易与浙派和宫廷中学刘松年的一些画家混淆起来,所以并不确切。事实上,任何一个画派,其风格总是多样化的,即使同一个画家,也会有多种风格面貌出现,吴派画家当然也不例外。因此,在吴派中另列院派的做法,并不可取。

与唐、仇并列"院派"的还有一位老画师周臣,字舜卿,号东村,苏州人。唐、仇都曾是他的学生,而后来学生超过了老师,但老师的成就却并未被抹去。他学李唐、刘松年和二赵,构图清旷而又周密,用笔清秀而又尖利,功力极深,才情稍逊。据他自己的述说,是由于少读书的缘故。

上述画家之外,吴门画派中还有一位陈淳(1483—1544),字道复,号白阳山人,长洲(今江苏苏州)人,是文徵明的学生,擅画山水、花鸟。当时的吴门画坛,是文徵明的一统天下,所以盛行细秀的画风,陈淳却不为笼罩,以粗放的形体独立卓行,令文对他另眼相看。他在画史上最负盛名的是水墨大写意的花鸟画,与稍后的徐渭并称"白阳青藤",被认为是文人写意花鸟画的正式开创者。事实上,从文人画的要求来看,陈的成就是在徐之上的;只是从写意画的立场来看,陈的开拓性没有徐来得大。他的画派,其实是从沈周、文徵明、唐寅一脉而来的,但变沈、文的拘稳为奔放,变唐的刚研为松秀。善于用草书飞白的笔势,水晕墨章的墨彩,来挥写花卉离披纷杂、疏斜历落的情致和态势,其品格是清隽秀丽、翩翩文雅的。

再后则有周之冕(?—约1619),字服卿,号少谷,长洲(今江苏苏州)人,继陈淳之后成为文人写意花鸟画史上的重要画家。但陈是大写意,周则为小写意,陈的文气多一点,周则俗气多一点。据历来的叙说,他是勾花点叶派的创始人,对于推动写意花鸟画的发展厥功甚伟。但从实物的遗存来看,早在宋元的水墨花鸟中,已有勾花点叶的方法出现,在吴派早中期的一些花鸟画家如沈周、陈淳等的创作中,勾花点叶法的运用更加普遍而又熟练。所以,我们只能认为,周之冕在这方面比之前人具有更加自觉的实践而已。

吴门画派从万历以后趋于式微,但直到清朝中期,始终衰而不息。作为中国绘画史上最有生命力的一个画派,数百年间,代代有高手出现。但由于再没有像沈、文、唐、仇那样足以影响整个画坛、领导时代潮流的杰出人物,因此而沦为地方性的画派,只能恪守前人,尤其是文徵明的成规以为生计,而无复艺术上的创意可言了。

当此之际,直到明朝覆灭,绘画史的发展陷入一个"群雄割据"的局面,直到董其昌的出现,才重新理顺了它的统绪。

在这期间,首先需要提到的是徐渭及其所开创的水墨大写意花鸟画派。徐渭(1521—1593),字文长,号青藤、天池,山阴(今浙江绍兴)人。他是中国文化史上的一位怪杰,擅长诗文、戏剧、书法、绘画,但一生遭际坎坷,备受磨折,无法施展自己的才华和怀抱,结果导致精神失常,几次自杀都没有成功,于是沉浸到艺术的创作之中,来发泄他的满腔怨愤。从他所画的《水墨葡萄图》轴、《杂花图》卷等，可以看出画家满怀激情，舞秃笔如舞丈八蛇矛，泼辣豪放的笔势，摇曳着酣畅淋漓的墨彩，构成墨气磅礴、气势连贯而撼人心弦的旋律，恣肆汪洋，极其波澜壮阔。所谓"推倒一世之智勇，开拓万古之心胸"，一种英雄末路、托足无门之悲，将传统文人所推崇的蕴藉、文雅、平淡、宁静、文质彬彬的作风一扫而空。他的创意在此，他的不足同样在此。由于缺少足够的心理承受力量，其笔墨的放肆、刻薄、浮躁，其实是不足为训的。

所以，历来将他与陈淳并称，也仅仅只是并称而已，两人的意态和气格，实际上是迥然有别的。白阳的精力所聚，在于秀劲的风姿和清宕的情趣，墨韵洁净，笔踪秀发，粗中带细，法度仍然谨严，它的意境是含蓄而亲切的；青藤的注意力，则集中于主观情意的散豁，对于形象几乎提升到只可意会不可方物的神韵高度，而完全不顾含蓄和法度。白阳是才思俊雅，笔花墨叶，欲说还休，豪放中带有妩媚，道劲中更多婀娜；青藤则是纵酒狂歌，横扫千军，一吐为快，表现出一种"石破天惊逗秋雨"的气势。这样的创意，如果不加修炼，对于画道的健康发展，是不能不引入歧途的。

人物画方面，值得注意的一位画家是曾鲸（1568—1650），字波臣，福建莆田人。他长期居住在南京，而当时的南京，正是西方传教士来华传教的中心。传教士们在传教的时候，也带来了西洋的《圣母子》画像，逼真如生的描绘，在中国的士大夫中间引起极大的惊异，曾鲸无疑也是看到了的。他本以人物肖像为业，于是尝试将西洋的画风融入到传统的写真术之中,居然别开生面。评者以为"如镜取影,妙得神情",一时学者甚众,画史上称为"波臣派",其影响一直延续到清代中期。论其画法的特点,于对象谈笑间捕捉"真性情",系出于传统的方法;而面部的色彩渲染不用平涂,按解剖结构兼画阴阳,来表现凹凸明暗的立体效果,则是借鉴了西洋的画法。这种中西合璧的画法,当时仅仅局限于画工的肖像画创作之中,所以对于整个画史的发展,影响不大,但它所预兆的中西绘画的交流动向,将在嗣后的画史上不断地供我们反思。

山水画方面,有一位蓝瑛(1585—约1646),字田叔,号蜨叟、石头陀,钱塘(今浙江杭州)人。早年摹写宋元诸家笔法,对黄公望用功尤勤,并上撷张僧繇、杨昇的青绿没骨法,自成一家,学者甚众,画史上称为"武林派",其影响一直延续到清代前期。在学术界,有不少人一度称武林派为"浙派殿军"。从地域上来看,武林派确是继浙派以后,杭州画坛的一支突起异军;但是,从艺术作风来看,武林派所取为南宋院体之外的传统,与浙派刻露狂躁的院体风范大相径庭而格格不入。

但是,作为职业画工的画派,武林派与一般的文人山水又有所不同,而显得刻板修饰一些。即以蓝瑛学黄公望的作品而论,黄的温和遒迈已被异化为粗硬荒率,树木的刻画,粗干枒枝,更失之于剑拔弩张。在这一点上,与浙派又不无相近之处了。

蓝瑛的学生中以陈洪绶(1598—1652)最负盛名,他字章侯,号老莲、悔迟,浙江诸暨人。少年时已使蓝瑛自叹不如,后来的成就更明显在蓝之上,论者或以为元末以后"三百年无此笔墨"。擅画人物、山水、花鸟,以人物的成就最为杰出,花鸟其次,从其所画的树石背景,有一种枒槎峥嵘的气象,约略还可以看出来自于蓝瑛的迹象。

他生当明朝末年,政治腐败,社会黑暗,曾投身于进步文人"以天下为己任"的潮流,明亡后则怀念故国,心情沉郁。他的绘画,具有显著的风格特点,长于形象的提炼和高度概括,既重视形体的夸张变形,又强调神情传达的含蓄,将极度的痛苦和愤懑积淀于高古、静穆的描绘之中。特别是他所画的人物,常常画成大头小身体的怪诞形象,躯干伟岸,不合比例,折射出为不合理的社会现实所扭曲、畸变的人格心理。所画花鸟,也呈现为一种图案化的装饰性构成,给人以一种奇特的感觉。这种迂怪的个性表现,可能来自于五代贯休的罗汉画像,但无论对于个人的还是社会的精神文明建设,都不能认为是健康的。在笔墨形式方面,他对晋唐两宋的工笔重彩和宋元文人的水墨写意兼收并蓄,同时又融合了民间画工版刻的技法而别开生面,早年的笔墨是粗壮而方的,晚年则转向细而圆劲,吞吐之间沉着而又凝练,赋色则宁谧闲静,配合了奇特的神情传达,给人以梦魇般的幻觉。

在他的周围也有众多的追随者,对于晚清以后的画坛,影响就更大了。但在当时,并没有人对他的画派加以专门的命名。倒是今天的学术界,把他与之前的丁云鹏、吴彬和并世的崔子忠并归于"变形主义画派"之中。事实上,其他三家的变形处理,都没有他的强烈,也没有他的成功,论对于画史的影响,更没有他的广泛和深远。

如上所述的这些画派,不言而喻地使我们感觉到,绘画史的发展正偏离了宋元的正统而走上了歧途。从客观的一面来看,社会政治的动荡和商品经济的刺激当然是一个重要的原因;从主观的一面来看,则是画家的心境日趋浮躁不安,不能以静制动地超越于社会之上,因此导致了个性的膨胀和正统的危机。在这样的形势下,以董其昌为代表的"华亭派"的崛起,对于正统画风的建设起到了中流砥柱、力挽狂澜的作用。

所谓"华亭派",主要指围绕在董其昌周围的一批松江山水画家;此外还有以赵左为代表的"苏松派",以沈士充为代表的"云间派"。他们的美学思想和绘画作风都是一致的,都属于华亭派的范围,无非是后人在分派的名称上没有统一而已。

董其昌(1555—1636),字玄宰,号思白、香光居士,谥文敏,华亭(今上海松江)人。他官至礼部尚书,在书法、绘画方面均有重大成就,富收藏、精鉴赏,兼工诗文、禅学。他不仅是华亭派的代表画家,也是整个明代后期绘画的领袖人物,其影响一直波及明末以后的三百多年。

华亭派的出现,标志着文人画传统的中兴。我们知道,元代以后的绘画史发展,浙派及万历之后的诸画派且不论,即以吴门画派而言,作为文人画,在性质上并不是十分纯粹的。它的队伍中兼杂了画工如仇英,而即使文人画家,也多把绘画当作了谋生的工具,使自己的创作成了雅俗共赏的商品,以致在画科的建设方面,不惜动摇山水作为文人画大宗和正统的主导地位。这是其一。其次,从笔墨的表现来分析,吴派绘画从力矫浙派的粗放形体开始,树立了文静蕴藉的风貌,但由于根本立场上的失误,不久又流于细碎、靡弱。因此,万历以后画坛无序现象的出现,并引起许多人的不满,也就绝非偶然。董其昌有鉴于此,于是挺身而出,致力于从心境和技法两方面力矫明初以来画坛的种种流弊,尤其从理顺传统的师承关系方面,为文人画的中兴起到了正本清源的"原道"作用。

作为文人画中兴的理论旗帜,是董其昌在《画禅室随笔》中所提出的"南北宗"论。与其他画派的画家对于画科的全能不同,华亭派的画家几乎都是以山水为专攻,至多偶作水墨梅竹而已。所谓"南北宗"论,正是为传统山水画梳理统绪的一个重要画学理论,以提供后学的图式借鉴。具体而论,北宗以唐代的二李为开山,嗣后有南宋的二赵、刘李马夏等;南宗以唐代的王维为鼻祖,此外还有张璪,五代两宋的荆关、董巨、二米和元代四大家等。一般说来,前者多为行家画工,注重绘画本身的功力修炼,在具体画法上讲究勾斫刻画,多用斧劈皴,笔性刚实,而他们之所以作画的目的,多为外物所役,借以为生;后者多为利家文人,注重画外学识的修养和颖悟,在具体画法上讲究渲淡,多用披麻皴,笔性松秀,而他们之所以作画的目的,多在于"以画为乐""以画为寄"。二相比较,董其昌认为:北宗"非吾曹所当学";作为一位文人画家,既以高雅自任,就应从南宗的传统入手,特别从董巨、元四家入手,"集其大成,自出机轴",则自然可以成为一代名家。

在这里，他强调"集其大成，自出机轴"，实际上就是强调对于传统，尤其是正统的创造性承继和发扬，表明他既不同意抛开传统的个性自我膨胀，也不同意以牺牲个性为代价去迎合传统。那么，这"自出"的"机轴"又在哪里呢？他表示，一方面在于"生而知之"的天赋条件，另一方面又在于不懈地"读万卷书，行万里路"的扩充心襟。

就具体的创作而论，董其昌则要求以"蕴藉中沉着痛快"的笔墨技法来表现平淡天真的意境。他明确表示：以境之奇怪而论，画不如山水；以笔墨之精妙而论，则山水决不如画。这样，便使"怎么画"的笔墨本身获得了一种独立的审美地位，而凌驾于"画什么"的物象景观之上。我们知道，五代、两宋的山水画所追求的是客观写实的物境，笔墨的表现是服务于真实的自然对象的；元代的山水画所追求的是主观写意的心境，笔墨的表现是服务于画家的个性人格的；华亭派山水画所追求的则是笔墨技法本身，笔墨是服务于"蕴藉中沉着痛快"的纯粹形式趣味的。这种追求，一直影响到清代的四高僧、四王吴恽、龚贤等。这样，从物境美、心境美再到纯粹的笔墨美，便构成了中国山水画发展史上的三座高峰而鼎峙千秋。

作为其理论的实践，董其昌的创作，直率遒迈的用笔，明洁秀润的用墨，成就是在沈周、文徵明之上的，而足以与黄公望相颉颃。尽管他也有粗拙的笔道，却不像沈的粗野；他也有纤秀的笔道，却不像文的木强；至于用墨的清而亮，则是连黄公望也有所不逮的。

董其昌之外的其他华亭派画家,如宋旭、莫是龙、陈继儒、赵左、沈士充、吴振等等,路数虽然相通,但实际的成就没有一个可以与之相提并论的。还有与华亭派相关的"嘉定派",以李流芳、程嘉燧为代表,也奉董其昌的观点为经典,但反映在实际的创作中,成就同样不是十分突出。这一现象,也许是画家的才分所限,也是无可奈何之事,但大势所趋,则是再清楚不过的了。

终于,到了清初"四高僧"、龚贤和"四王吴恽"的出现,董其昌的理论结出了丰硕的成果,谱写了中国绘画史上足以与宋、元相媲美的又一重要篇章。

在绘画史的研究中,向来把"四高僧"、龚贤归于"野逸派",把"四王吴恽"归于"正统派",并进而把野逸派作为"革新派",把正统派作为"保守派",加以对立的看待,似乎二者如水火不相容。其实,就传统的渊源而论,二者都是由董其昌的学说而来,只是清易明祚的历史变故,导致了四高僧等抑郁的情绪,所以在传统的继承方面更注重于个性的发抒,与四王等的传统价值取向有所区别而已。

所谓"四高僧",是指清初的四位高僧画家。他们是弘仁、髡残、朱耷和石涛,都是明末的遗民,入清以后满怀家国破亡的悲愤和回天无力的绝望,不愿与统治者合作,而遁身空门,以诗文书画作为人生的寄托。他们均以山水见长,朱耷和石涛则于山水之外,花鸟也画得非常之好。他们的绘画,以强烈的个性情绪变化、深厚的传统基础,对当时及后世产生了广泛而深远的影响。

其中,弘仁(1610—1663)俗姓江,名韬,字六奇,出家后号渐江,安徽歙县人。他的山水学倪瓒的笔法,但结构繁密,气势雄伟,化平远为高远,变横皴为直皴,又出于倪法之外。所作渴墨松秀,气韵荒寒,不假其虚,当与受徽派版画的熏染有关。勾线细劲,皴纹较少,而渲染轻淡,所以有一种水晶琉璃般的透明感,显得异常的高洁、晶莹,迥出尘寰,这与他悲凉的心境是正相合拍的。所作多取材于黄山真景,所以又不同于单纯地从古人粉本中讨生活。

以弘仁为首,一时黄山一带画家云集,画史上称为"黄山派"或"新安派",比较重要的如汪之端、孙逸、查士标,与弘仁并称"新安四大家",合程邃、戴本孝则为"新安六家"。画风上相互影响,均以松秀的笔墨、荒寒的气韵为特色。附近另有以萧云从为代表的"姑孰派",以梅清为代表的"宣城派",以方以智为代表的"桐城派"等,均属于"野逸派"的范畴。

髡残(1612—约1673),俗姓刘,出家后号石谿、残道者,武陵(今湖南常德)人。他的山水画,继承了黄公望、王蒙豪迈茂密的一路,笔墨苍茫沉郁,风格雄奇磊落,尤其注意总体结构的把握,即使册页斗方,也是山峦重叠,云壑幽深,所给人的审美感受,似乎是一局缩小了的大画。用笔以秃毫为多,少用新细的尖毫,荒率、苍辣、朴野,在点线的交织穿插中造成雄劲和含蓄。

他长期生活在南京,与程正揆相友善,画史上并称"二溪"(程号青溪)。程画初师董其昌,后以疏简枯劲的作风与髡残的繁密相映生辉。

除髡残和程正揆外，当时的南京画坛还有一位重要的画家龚贤(1618—1689)，字半千、野遗，号柴丈人，又名岂贤，江苏昆山人。明末曾参与抨击阉党的斗争，明亡后逃亡十载，一度也遁入空门，后隐居清凉山以鬻艺课徒为生。他的书法和绘画，都是学董其昌的，上溯董巨，自成面貌。所作致力于层层皴点的积墨法，勾线学吴镇、沈周，质实而有力度，点苔学范宽，短促而致密，丘壑布置一变晚明以来的空疏简率，恢复了北宋人的雄浑恢廓，但意境的淡泊宁静，又有南宋人的情韵。至于多用干笔密皴，则得之于倪瓒、王蒙和黄公望。其积墨法的运用，不下数十遍，而密不通风的黑墨团中，树干、流泉、屋舍又一一留白，极其玲珑剔透。黑密厚重，大丘大壑，所幻化出的景观既沉雄博大，又宁静致远。以龚贤为首，合樊圻、高岑、邹喆、吴宏、叶欣、谢荪、胡慥并称"金陵八家"，是为"金陵画派"。但八家中，只有袭贤为文人画家，属"野逸派"，其他七家均为职业画工，成就不足以相埒。

朱耷(1626—1704)，即八大山人，别号有个山、雪个等，江西南昌人。他是明朝的宗室，明亡后遁入空门，不足以解脱其家国之痛，于是慷慨悲歌，一一寄情于笔墨之中。所作书画题款，常将"八大"二字连缀，又将"山人"二字连缀，乍看之下，像是"哭之"或"笑之"，由此可见其哭笑不得的内心隐痛。所以，他的绘画，都是以泪和墨写成，显得特别的苍凉寂寞。论他的山水，是从董其昌而来，其墨韵显得滋润而明洁。不同的只是，董是以严正的结构和淡泊的笔墨得到滋润明洁，他却是以荒寒的结构和干擦的笔墨得到滋润明洁。所作支离破碎，零零落落，几乎不成物象,地老天荒的荒寒寂寞,物本无与,因为画家的心境如此,所以山水林木也染着了这种情感的色彩。论他的花鸟,是从林良、徐渭而来,浩荡清空的境界,怪诞乖张的形象,奇特冷峻的表情,是被扭曲的心灵的真实写照。特别是他所画的禽鸟,描绘的特点在于它们的眼睛特别大,黑而圆的眼珠倔强地顶在眼圈的上角,喷射出仇恨的火焰,有的拳足敛羽、忍饥耐寒,有的耸肩缩颈、白眼向天,虽然饿得只剩下了骨头,但一种坚韧不拔之气冷冷地逼人心目,颇有惊心动魄之感。他的笔墨,将林良、徐渭的刚斫、刻露、奔放、狂肆,凝冻到了点滴如冰的苍凉、悲怆和含蓄之中,显得特别圆浑、蕴藉,笔墨习性的这一改换,标志着水墨大写意的花鸟画派真正进入到了文人的审美范畴。因此,尽管这一画派的开创者是徐渭,而代表着这一画派最高成就的却是朱耷。

石涛(1642—1707),俗姓朱,名若极,出家后号元济、苦瓜、清湘、大涤子等,广西全州人。他也是明朝的宗室,但因为明亡时他还只是一个髫龄的少年,所以,家国之痛在他心灵上的创伤并不像朱耷那样强烈。他曾在南明政权内部倾轧的逃亡生涯中云游全国各地,又曾到北京企求有所闻达,最后在绝望中客居扬州,在恬淡的心境中度过晚年。

石涛不仅是一位卓越的画家,而且是一位杰出的绘画理论家,所著《苦瓜和尚画语录》和大量题画诗跋中,包含了极为丰富的传统绘画美学思想。如"搜尽奇峰打草稿"的忠实于生活的观点,"山川与予神遇而迹化"的物我同化的观点,"不似之似"的超越于生活真实的观点，"借古开今"的继承与创新的观点，"我自用我法"的强调艺术个性的观点以及"无法而法，乃为至法"的不拘一法的观点等等，无不在当时和后世产生了深远的影响。

论他的创作实践，其笔墨的风采以淋漓洒脱、清健朴茂为特色，显得特别的放纵而又才情横溢，绝不企求孤僻冷漠的情调。特别反映在山水画方面，往往一局之中，极尽各种各样的点法、皴法之变化，颇有有意炫耀的意味。其章法较小，因此册页斗方，千变万化，出奇无穷，无不精彩绝伦，而大轴则未免涣散、窘迫，缺少一种统贯全局的浩然之气。由于他的创作多为即兴的挥洒，在总体上缺少惨淡的意匠经营，再加上卖画为生的率尔应酬，因此，一个致命的缺憾事实上已经埋伏在他的画风中，这便是敷衍潦草的江湖气。只是由于他的天才，这一缺憾为他的才华所掩盖了。而当时扬州画坛上的不少画家受到他的影响，却把这一缺憾充分地暴露了出来。

回过头来看正统派的情形。所谓"四王"是指王时敏、王鉴、王翚、王原祁；"吴恽"，是指吴历和恽寿平，合称"清初六大家"。其中，王时敏、王鉴、王原祁属于"娄东派"，王翚、吴历属于"虞山派"，恽寿平则别开"武进派"。除恽寿平兼工花卉外，六家均以山水为专长，恪守董其昌的教诲，在传统的整理、研究方面投下了集大成的功力。

六家中，王时敏(1592—1680)，字逊之，号烟客、西庐；王鉴(1598—1677)，字圆照，号湘碧，他们都是江苏太仓人，又都是董其昌的朋友，与董其昌等合称"画中九友"，在绘画上完全接受董的观点,是正统派的元老,其他四家都是他们的晚辈,进一步推广了他们的绘画思想。

具体而论,王时敏以董巨、元四家,尤其是黄公望为正宗的图式,所作章法,近、中、远景的结构有一定的程式,显得端庄稳健。皴法干笔渴墨,苍润而又浑成。王鉴则对南宗的各家皆有心印,而不局限于黄公望一家,甚至对北宗中较为文秀的一路画法也有所涉及。所作章法与王时敏相近,而皴法工细尖刻,体现了精诣柔媚的特色。

王原祁(1642—1715),字茂京,号麓台,江苏太仓人。他是王时敏的孙子,发展了其祖父的传统价值取向而专学黄公望,有"熟而不甜,生而不涩,淡而弥厚,实而弥清"之胜,尤以笔力的浑厚华滋著称,干墨重笔,毛辣松凝,被认为是"笔底金刚杵",在六家中首屈一指。布局则以小石积成大山,因为有雄强的笔力统贯全局,所以气魄博大,不见琐碎。他曾供奉内廷,备受康熙皇帝的赏识,而他的画派扩展到朝野,也就形成了"家家大痴、人人一峰"的局面。

王翚(1632—1717),字石谷,号乌目山人、耕烟散人,江苏常熟人。他因王鉴的引荐成为王时敏的学生,但对于传统的取则仍是由王鉴的路数而加以引申的,曾提出:"以元人笔墨,运宋人丘壑,而泽以唐人气韵,乃为大成。"①

所以,深受王时敏、王鉴等的器重和赏识,被认为是"五百年

---

① 清·王翚《清晖画跋》,《历代论画名著汇编》本。

来，一人而已"，更有人将他推崇为"画圣"的。其实，在六家中，他的画品远不能被认为是第一位的，至少他的笔墨功力还不算十分深厚，不如王原祁千锤百炼的"笔底金刚杵"。只是，由于他对于传统的师承范围比较广，不仅对南宗诸家孜孜矻矻，锲而不舍，甚至对北宗的画法也兼收并蓄，因此，面貌较为丰富多样，显得特别能画，特别有手段。其画风早年较为生动精彩，六十岁那年因晋京奉敕画《康熙南巡图》的版画稿，历时八年而成，画风变为板刻。

吴历(1632—1718)，字渔山，号墨井道人，江苏常熟人。他也是王时敏的学生，曾入天主教会，所以，据说其画风一度受西洋画法的影响。但晚年体悟到中西绘画的不同文化内质，于是回归传统，以王蒙为主要的学习对象。所作深醇沉郁、拙朴浑重，变王的姿媚飞动为板实坚凝，笔笔入骨，魅力雄杰，堪与王原祁的"笔底金刚杵"相媲美。但吴历的笔墨，有一种石雕般的崇高感，是王原祁的干笔俭墨所没有的；而论情韵的松秀淹润，则吴历逊于王原祁。

恽寿平(1633—1690)，本名格，后以字行，改字正叔，号南田，毗陵(今江苏常州)人。年轻时与王翚相友善，因而得以获王时敏的指授。初以山水为专攻，严谨精微，整饬修饰，与王翚风格相近，自以为难以超越，遂表示"耻为天下第二手"而改习花卉。但实际上是一面攻研花卉写生，一面仍潜心于山水传统的研究，尤其对倪瓒的逸品心印更深，逐渐形成萧疏冷隽的风格，出笔便如哀弦急管，声情并集，品格之高，可谓倪瓒以后一人而已,六家中无与伦比。他以恬淡、渴润、空灵、俊逸、松柔、苍茫的笔墨,粉碎虚空,结构出天外之天,水外之水,自在化工之外一种灵气,其情调实际上已经逸出了正统派而向野逸派靠近了。他的花卉画自称绍述北宋徐崇嗣的"没骨法",直接以彩色渍染而成,又辅以写生的体验,形象逼真,格调清丽,尽态极妍,被推为"大雅之宗""写生正派"。亦能用水墨渍染,用笔更加灵动,意境更加幽雅,则与他的山水一样,属于正统派中的野逸之品。

正统派的画风,当时、后世风靡朝野,尤以对于宫廷绘画的影响为更大。如唐岱、宋骏业、董邦达、张宗苍等都是学王原祁、王翚的山水的,蒋廷锡、邹一桂等都是学恽寿平的花卉的。但以才情所限,大多刻板庸俗,成就不高。宫廷绘画中值得注意的,乃是由郎世宁等西洋传教士所带来的中西合璧画风。

郎世宁(1688—1766),原名 Gastigliane,意大利米兰人。他于康熙五十四年(1715)来到中国,后来进入宫廷画院,为帝王后妃画了不少肖像,同时还用画笔记录了当时朝廷的各种政治或节庆活动。这些作品,均具有"新闻摄影"的纪实作用,而郎世宁所擅长的西洋画法,相比于传统的画法,显然更适合于这一类功能题材的表现,因此,在宫中风行一时,甚至一些中国的画工也起而效之。其画法的特点在于,基本的造型方法都是西方的,注重于科学数理,而所运用的工具和材料,则是中国的笔墨和纸绢。形象真实逼真,但笔法全无,所以引起中国画家的反感,斥之为"虽工亦匠,故不入画品"。嘉庆以后宫廷绘画式微,这一画派便斩焉告绝了。而它对中西绘画的融合所作出的尝试,则为近、现代的画家提供了一定的启示。

与此同时，四高僧中的石涛却把野逸派的风气带到了扬州；到乾隆年间，以盐业为龙头，扬州成为全国商业经济活动的中心、东南沿海地区的一大都会。恰好那些腰缠万贯的富商大贾，为了附庸风雅，纷纷致力于投资文化艺术事业的建设，吸引了全国各地各种各样的艺术人才蜂拥而来。以绘画而论，这一时期约有一百多位知名画家来此卖画谋生，从而形成了一个浓于商业色彩的"扬州画派"，将石涛的艺术精神发扬了开去。其中，尤以汪士慎、李鳝、金农、黄慎、高翔、郑燮、李方膺、罗聘最负盛名，号称"扬州八怪"。不过，"八怪"之称并没有统一的规定性，除上述画家外，也有将华嵒、高凤翰、闵贞等列于"八怪"之中的。而之所以称他们为"怪"的原因，是因为这些画家的人品，大多偏离了传统的规范，恃才傲物，狂放不羁，却又唯利是图；他们的画品，自然也偏离了正统的规范，纵才使气，尽情发越，有失蕴藉含蓄。这样的人品和画品，虽是由石涛而来，却比石涛走得更加远了，他们把石涛的优点缩小到三分，却把石涛的缺点放大到了七分。我们曾经提到，明代中叶以后，文人画的发展进入了"后文人画"阶段，其标志是变"自娱"为媚俗，变"高逸"为穷酸。扬州画派，正是这样一个典型的后文人画派。

具体地分析，华嵒（1682—1756），字秋岳，号新罗山人、东园生，福建临汀人。人物、山水、花鸟无所不工，尤以花鸟画的成就最为杰出。他的画风，与一般扬州画派的怪异穷酸有所不同，还是比较雅逸的，只是因为他曾来扬州卖过画，所以，画史上也将他列为扬州画派中人。但也有的人认为他与"八怪"不同,应该是属于与"八怪"相对立的正统派的。究其画派的渊源,正是出于恽寿平的嫡嗣繁衍,恽是正统派中的野逸派,华则不妨看作是野逸派中的正统派了。

他所喜欢使用的是一种小写意的方法,用笔松灵潇洒,干笔渴墨斡擦尤有韵味,设色轻淡明净,气格清新俊逸,形象真实生动。尤其是他的花鸟画,丰富而亲切的生活情趣,更洋溢着自然生发的灵秀和生意,体认了田园诗一般的意境。

金农(1687—1764),字寿门,号冬心,别号曲江外史、稽留山民等,仁和(今浙江杭州)人。因荐举博学鸿词科落选,遂寓居扬州鬻艺为生。他的绘画,涉及道释、人物、鞍马、山水、花卉、蔬果各个门类,造意新颖,绘形奇古,构景别致,笔墨古朴,风格卓异。他多以线条造型,或双勾,或点垛,缓慢迟涩的用笔,略带颤掣的凝性,绝不浮滑风华,墨韵沙溜溜的,奇古高旷,一种朴野荒率的山林气象,如不食人间烟火,在"八怪"中,以他的品格为最高。他是一个不会画画的画家,造型的功力极差,但因为他长于诗文、书法、金石,在笔墨方面有独到的造诣,生拙的线条般配了生拙的形象,别开了一种奇特的境界。

他的学生罗聘(1733—1799),字遁夫,号两峰,原籍安徽歙县,出生于扬州。高古奇僻的画风,与金农十分接近,并曾为金农代笔,但比之金,画得更加娴熟一些,拙实平稳之中,别涵精能、清秀、活泼的韵律。他也长于各种题材的创作,尤以画鬼出名,用以寄托其胸中的不平,抨击社会现象中的不良风气。

黄慎(1687—约 1772)，初名盛，字恭懋，号瘿瓢，福建人。擅画人物、花鸟，间作山水，多写渔父、乞丐之流，如乞儿唱《莲花落》，江湖市井气极浓，寒酸颓废，无复大雅，真使斯文扫地。其笔墨狂放奔驰，不可究诘，也呈示为一种粗野的形态，显得缺少文化的修养。

李鱓(1686—约 1760)，字宗扬，号复堂、懊道人，江苏兴化人。他曾入内廷供奉，跟蒋廷锡学画院体花鸟，后来罢官回到扬州，受石涛的影响作水墨大写意花鸟。所作纵横驰骋，挥洒脱落，虽自得天趣，终究显得笔意躁动，缺少含蓄蕴藉，不免霸悍之习，格调是不高的。

郑燮(1693—1765)，字克柔，号板桥，江苏兴化人。少负才气，长而狂放，曾任七品知县，后以不谙政事获罪罢官，于是回到扬州，以"难得糊涂"为座右铭，以书画自娱并谋生，公开贴出润格，收取稿酬。他的绘画，以兰竹为专攻，既注意取法前人，又注重观察生活，并提出化"眼中之竹"为"胸中之竹"，变"胸中之竹"为"手中之竹"的三阶段论。他特别讲究以题款来配合画笔，从而扩大了兰竹画的内涵，使简单的题材在不同的创作情境中有可能取得多种多样的不同境界。但毕竟由于胸襟狭窄，气格不高，所以他的画品也就不能企达大雅的标准，而沦为通俗文化层面上的雅俗共赏。尽情发越的笔墨，唯求一吐为快，过于刻露，缺少蕴藉的态度。

李方膺(1697—1756)，号晴江，字虬仲，通州(今江苏南通)人。他也因被罢官后到扬州卖画，一肚皮不合时宜的牢骚愤懑，化为笔墨的形象,飞动郁勃,刻露而又硬燥。他特别喜欢画疾风中的梅、兰、竹、菊、松,自称"豪气横行到笔端",胡涂乱抹的信笔挥洒,不讲意匠的经营,不讲笔墨的含蓄,在艺术性上是不足称道的。

汪士慎(1685—1759),字近人,号巢林,安徽歙县人,侨居扬州卖画。擅写梅花、水仙等各种清品花卉,间能人物。所作强调笔意的幽秀和墨韵的妍雅,具有气清而神腴、墨淡而趣足的特色,反映了其清贫的人品。八怪中的不少人,失意落魄,嬉笑怒骂形诸笔墨,多有狂怪之嫌,汪士慎则安贫乐道,以苦为乐,所以其笔墨形象也是冷冷的,清清的,缓缓的,一点没有火气。但人穷志短,气格是不能恢宏的。

高翔(1688—1753),字凤岗,号西堂,江苏扬州人。少年时从石涛游,画风受其影响,山水、花卉、人物兼工,笔墨淡雅近于汪士慎,气局狭隘亦近之。

如上所述,扬州画派尤其是"八怪"的出现,从总体上看,把野逸派导向了末路;与此同时,正统派的发展也走上了衰微,中西合璧的画风在绘画艺术的要求上又没有取得成功,接下来的嘉道画坛,自然也就形成了一种"万马齐喑"的萧索局面。其中比较值得一提的是在人物画方面有改琦、费丹旭,擅画仕女,轻盈秀媚,韵致天然,倾向于唐寅、仇英的作风而气格更加细小;山水画方面有张崟、顾鹤庆,源自金陵画派而别开京江派,所作精整谨严,气韵静穆;又有戴熙、方薰、汤贻汾、奚冈,在正统派中加以变易,尤其是奚冈,把金石学的成果引入绘画,对嗣后海上画派的崛起有一定的先导作用。

所谓"海上画派"简称"海派",是鸦片战争以后活跃于上海地区的一个重要画派。其时"五口通商",上海成为近代资本主义工商城市的重镇,大批鬻艺为生的画家蜂拥而来,在新的形势下开创出清新明丽、雅俗共赏的新画风,适应了近代市民的审美理想,成为中国画商品化的最佳形式,而有别于以前传统儒商经济所孕育起来的包括吴门和扬州画派的商品绘画,最终完成了传统的、经典的绘画向近现代绘画的转轨。上海之外,广州等通商口岸的绘画也表现出近似的发展倾向。它们的共同特点是,继承传统,尤其是野逸派传统的笔墨和诗、书、画、印相结合的形式,却不为所囿;发抒个人的情感却不自命清高;立足传统又适当吸收西画之长;以个性为贵,亦表现市民的生活理想。代表的画家有赵之谦、虚谷、任颐、吴昌硕等。

赵之谦(1829—1884),字㧑叔,号悲盦,浙江绍兴人。早年学习金石,书法、篆刻成就卓著,后移其笔意画花卉,偶作山水、人物,别开生面。所画笔意挥洒自如,流丽活泼,色彩清新明朗,寓雅于俗。于传统的渊源,系得自李鱓的奔放豪爽,徐渭的酣畅淋漓,王武的明丽隽雅。但变李、徐的行草书用笔为金石书用笔,中侧锋兼施,圆淳坚凝,顿挫具见骨节而无偏燥外强之弊,而是翩翩儒雅,刚柔兼济,没有一根线条是一划而过、一扫而出,而讲究如锥画沙般的剥蚀效果;又变王的染色法为写色法,换言之,他的色彩并不是不见笔踪地渲染出来的,而是同水墨的点、线、面一样是写字般地写出来的。这种画法,画史上称为"金石派",始于奚冈,成于赵之谦,到吴昌硕臻于巅峰,比之前此的"书画同源",自成一新的境界。

虚谷(1823—1896),本姓朱,名怀仁,安徽歙县人。人物、山水、花鸟皆精,尤以松鼠、金鱼驰誉,以孤僻冷隽别开蹊径。所画造型多作方折的形体,善于用干笔侧锋作战掣的线条,虚虚实实,生涩拙辣,但极其凝练遒劲,风采高迈,似拙实巧。他的传统,来自于扬州画派的华嵒,但由于经过了造型的夸张,笔墨的变异,金石剥蚀般的笔势,无论显示于墨迹之中还是色晕之中,所形成的都是一种全新的情调,合于雅俗各阶层的欣赏口味。

任颐(1840—1895),字伯年,山阴(今浙江绍兴)人。他天资颖悟,是中国近代绘画史上的一位大师,人物、山水、花鸟均有杰出的成就。其画风早年学任熊、任薰,继而学陈洪绶的双勾,后专注于扬州画派的华嵒,又曾学过西洋的铅笔写生画法,具有扎实的造型功底。所作题材广泛,构图多变,笔法丰富,色彩鲜明,绘画性极强。用笔中、侧锋兼施,精爽而又劲利,生动而又流丽,每一行笔,能曲尽顿挫抑扬、转折提按和品物浅深、水晕墨章的变化。这样的画法,适合于大批量的商品生产性的创作,所以有时也因过于娴熟而显得有些草率,有不经意的地方,影响了其意境的提高。不过,在当时和后世的绘画商品市场上,他的这种画风是最受大众欢迎的,所以得以广泛地普及开去,为许多画家所仿效,对于20世纪的画坛影响甚为巨大。

吴昌硕(1844—1927),名俊、俊卿,后以字行,号缶庐、苦铁等,浙江安吉人。早年学金石,书法、篆刻成就卓著,后移金石于画法,以花卉为专擅,间作人物、山水。其画派源自徐渭、李鱓,但变徐、李的行草书入画为石鼓文人画,又变徐、李的水墨大写意为重彩大写意。用笔雄深豪迈、浩瀚厚重,气魄之大,前所未见;赋色则五彩缤纷、鲜艳明丽。他以如椽的大笔,饱蘸了浓墨或重彩,如飞如动地纵情挥洒,笔笔中锋,内涵力量,绝无横刮外强、精气外泄的习气。传统的花鸟画法,工笔重彩,以唐宋为极致,明清画院因之;工笔水墨,有宋的文同和元的墨花墨禽;水墨大写意,以明的徐渭、清的朱耷为极致,扬州八怪因之;小写意,则有宋的扬无咎、赵孟坚和清的华岩、任颐;重彩大写意,则由吴昌硕始开门径,后齐白石等进一步作了发扬光大的努力。他同任颐一样,也是对 20 世纪的画坛发生了巨大影响的一位宗师。但由于中国画作为心画,其最高的人文境界当以逸品为最上,因此,又同任颐一样,在他的作品中有一种媚俗的村气,显得过于粗鲁而欠文雅,是不能令人完全满意的。

第七章　20 世纪的中国画

　　20 世纪的中国绘画,传统的绘画形式——中国画失去了它的独尊地位,各种非传统的绘画形式如油画、版画等等,也迅速地发展起来。这里,我们所介绍的仅止于传统的中国画。

　　由于世界的圆通,中西文化的碰撞,20 世纪的中国画发展动向,大体上表现为恪守传统型和中西交融型两大基本的趋向。具体又可分为三个阶段:世纪初至 40 年代、50 年代至 70 年代、80 年代至世纪末。

　　在第一阶段,继清室覆亡之后,中国社会经历了军阀混战、"五四"新文化运动、抗日战争、国内战争等激烈的事变,伴随着政治、经济、文化的革命,沿海大城市的形成,中国画市场也迅速地扩大,职业画家多集中于上海、广州、北京等地鬻艺为生;各种书画团体和美术院校也相继成立,使得又一部分画家以教学为业。

　　作为两大趋向之争的序幕,首先是由一批政治文化人物揭开的,他们痛感于中西政治、经济、军事力量的不平衡,以政治文化批判的余力所及对传统的中国画提出批判,如康有为、陈独秀等,都认为传统的中国画不如西洋画,中国画如不向西洋画靠拢,"遂应灭绝"。不久之后,一批留洋的画家归来,中西绘画孰优孰劣、中国画何去何从的讨论,才真正在中国画界被作为中国画自身发展的需要而开展起来。直到 40 年代,这方面的讨论略可概括为三种观点:

第一种观点秉承康、陈的论调,对传统(主要是元、明、清)中国画持否定的意见,要求以西方的造型艺术体系为参照来改造或改良中国画,代表的画家是徐悲鸿,代表的观点便是"素描是一切造型艺术的基础"。这就把中西绘画的不同仅仅看成是工具材料的不同。与徐悲鸿同时,以"二高一陈"为代表的岭南画派也主张"折中东西",但所致力于引进的西法不重于"素描"的造型而重于"光色"的渲染。此外,还有刘海粟、林风眠等,在早期的艺术生涯中也曾对传统的中国画持有偏见,但他们对于作为改造中国画之参照的西画,均不以写实、写生为旨归。

第二种观点则排斥西画,坚持在中国画的自身传统中谋求发展。代表画家有金城,他倡导学习宋代的工笔画;陈师曾,则倡导学习宋元以来的文人画;还有黄宾虹、张大千、吴湖帆、齐白石等,虽不参与论争,但从他们对于传统的用功,无疑也是属于坚持传统观点的实践者。

第三种观点则开始注意到中西绘画文化的比较差异,认为中国画重在心的自然,所以其表现的形式在自身之外,西洋画重在眼的事物,所以其表现的形式在自身之内。基于同样的比较,邓以蛰认为中西绘画"很难沟通",而林风眠则认为中西绘画"应该沟通"。实际上分别修正、完善了前两种观点。

在第二阶段,新中国成立后,政治观念的变更引起艺术观念的转换,中国画发展的传统型和中西调和型的两大趋向之争,在宁左毋右思想的影响下又有了新的展开。

在这一基本的政治背景下,中国画从一开始便被斥为"不科学"。从而使得传统一度中断。当然,这里面不仅仅是一个科学与否的问题。更主要的是一个政治的问题。在左的路线影响下,传统中国画一直被看成是为封建阶级和资产阶级服务的,无产阶级当家做主之后,当然不能简单地把它接受下来。然而,这一极"左"的观点在不久后开展的反右运动中戏剧性地被作为"民族虚无主义"而斥之为极右,中国画于是获得官方的承认,并相继成立了北京、上海两座国家级的中国画院,后来又相继成立了江苏、西安等中国画院,使本来一大批作为自由职业的传统中国画家有欣逢盛世之感。但是,传统并未因此而获得真正的复兴,这里面,同样不仅仅是一个科学与否的问题,更主要的是一个政治问题。因为,极"左"的观点后来又被认定为极右的观点,所提倡的用以取代、改造中国画的西洋绘画艺术,不仅一直是为资产阶级服务的,而且是外国的,自立于世界民族之林的中国无产阶级,当然也不能简单地接受它。正因为此,传统只是在一定的政治形势需要下获得某种认可,而实际上并未真正地复兴起来。当时,中国画的发展方向,并不在作为遗老遗少集中地的中国画院,而在作为"教育为工农兵服务"的美术学院。

由于徐悲鸿的"中国画改良"论在50年代以后受到官方的肯定,再加上苏联美术教育体系的引进,早期的美院中国画教学,传统完全为素描、写生所取代,甚至中国画系也被改名为彩墨画系。直到反右斗争批判民族虚无主义,传统从名义上得到认可,中国画系也重新获得正名,但是,素描、写生在中国画教学乃至创作中的地位已经稳固不移。因为,根据"艺术为政治服务""政治标准第一,艺术标准第二"的文艺政策,素描、写生比之传统,确乎具有更加实际的意义。

然而,从中国画艺术的特殊要求来看,这一体系对于中国画的长时期发展是不利的。所以,到了 60 年代,潘天寿执掌浙江美术学院,便提出了有别于徐悲鸿的、以"中西绘画拉开距离"为特色的中国画教学体系,重新恢复传统在中国画基础训练中的地位。但限于当时的大势所趋,这种对于传统的恢复,毕竟是有限的,更难以在短时间内收到它应有的效果。

与潘天寿在中国画教学中推崇传统的同时,在社会上,毕竟由于反右斗争对"民族虚无主义"的批判,使中国画的创作对于传统有了相对开放的接受可能。各种古代绘画的展览、出版活动日趋频繁,对传统的研究也相当活跃。但所有这些对于传统的继承可能,都为一个基本的前提所统摄,即以无产阶级政治和革命现实生活的需要对传统加以改造,如以赵望云、石鲁为代表的长安画派,提出"一手伸向传统,一手伸向生活"的观点,便体现了这种新的改造方向;以傅抱石为代表的金陵画派,所发起的"国画写生"运动,同样也是如此。由于这种改造,在本质上还是与徐悲鸿的以西洋素描改造中国画的方向相合拍的,因此,作为当时中国画"古为今用""洋为中用"的目标,便是如何在传统的

"人民性精华"、西洋的素描写实、"革命的现实主义"这三者之间寻找到一个恰当的契合点,以更好地为无产阶级政治服务,为工农兵服务,甚至为配合政策性的宣传服务。

准此,无论中西调和的交融型也好,中西拉开距离的传统型也好,都不过是一个形式的问题,而形式是从属并服务于内容的。对形式问题容有不同观点的讨论,提倡西化或主张传统都可以是有道理的或没有道理的;而对内容问题,"题材决定论""主题先行论""重大主题论",等等,则不独中国画,而且是当时所有各种艺术创作都必须遵循的基本原则。因此,艺术家、包括中国画家,经常性地深入三大革命斗争的火热生活,不仅可以从思想意识上直接接受工农兵的再教育,通过提高"人品"来提高"画品";而且,借此可以直接捕捉到创作的主题和素材,并寻求与此种主题、素材的完美传达相般配的技法和形式。所谓"古为今用"的传统观,或"洋为中用"的交融观,也在不知不觉中从一个理论的问题转化成一个实践的问题,由一个本属于中国画的艺术问题转化成一个适用于一切文化形式的政治问题。

具体反映在人物画方面,直接描写工农兵现实生活的创作获得迅速的发展;反映在山水画方面,在传统山水格局中添加汽车、电架、水库、红旗,以及直接描绘革命圣地,或工农兵改天换地生活情景的创作大量出现;反映在花鸟画方面,则诸如"红梅颂""葵花朵朵向太阳""粮棉大丰收""蔬果大丰收"等具有鲜明政治、政策寓意的题材盛行一时。只要合于这些内容的表现,在形式方面,无所谓传统还是西法,都可以忽略不计。这一政治化的趋向,到了"文化大革命"达于极端,一大批不合于当时政治宣传的需要、在传统型或中西交融型方面艺术成就卓著的老画家受到无情的一再冲击。中国画艺术形式上的讨论继演变为政治上的讨论之后,终于扩大为一场铺天盖地的政治上的斗争。

在第三阶段,"文化大革命"结束并被彻底否定以后,伴随着改革开放,一方面是西方的文化艺术大规模地涌来,另一方面是对于传统的发掘也得以广泛而深入地展开。摆脱了政治的羁绊,中国画的发展迎来了一个全新的多元时期,传统型和中西交融型各显千秋。

传统型的中国画创作,可以回顾到第二阶段,有些由40年代过来的传统型老画家,因为不能适应新的政治形势的需要,于是继续恪守此前的创作倾向,在背地里默默地作画自娱。终于,进入第三阶段以后,他们的创作获得了社会的重新认可,进而在弘扬民族文化精神的旗号下赢得了人们的普遍尊敬。而他们在传统功力方面的造诣,几十年如一日的千锤百炼,也确乎体认了传统的博大精深。一些中青年的学子也有起而仿效,企图走传统的路子的,但他们的成就如何,看来要由21世纪的实践来检验了。可以明确的是,这一条道路,抱着急功近利的心态是绝对走不下去的。

中西交融型的中国画创作,同样可以回顾到第二阶段。大批为无产阶级政治服务的创作以现实主义为宗旨,实际上都是或多或少地以融汇西洋素描的方法来完成自己的任务的,在第三阶段,美术学院的中国画教学中所遵循的实际上也还是这样一种路子,但它已从政治的羁绊下解放出来,同时也不再像从前那样受到社会的普遍好评。另一方面,极个别由40年代过来的非写实的中西交融型老画家,因为不能适应新的政治形势的需要,于是继续恪守此前的创作倾向,在背地里默默地作画自娱。终于,进入第三阶段以后,尤其是1985年的美术新潮以后,他们的创作获得了社会的重新认识,更为传统观念淡薄、企慕西方文化、以"前卫""反传统"自任的一些中青年学子所崇敬。但他们的创作比之前辈完全不能相提并论。不要功力、故作高深地模拟西方现代艺术或后现代艺术,适足以使美术变为一种丑术,而使中西融合型的中国画探索误入歧途。1985年的新潮以来,尽管在这方面出现了某些新闻效应,但这仅止于新闻而已,要想像他们的前辈那样取得具有绘画史意义的学术沉潜效应,看来是非常困难了。

综上所述,20世纪是中国绘画史上的一个多事之秋,但同时也是继宋、元、明末清初之后的又一个高峰时期。尤其是一大批杰出画家的贡献,更加值得我们的注目。他们是齐白石、黄宾虹、徐悲鸿、林风眠、潘天寿、张大千、傅抱石、吴湖帆、李可染、刘海粟、高剑父、高奇峰、陈树人、朱屺瞻、陆俨少、谢稚柳、陈佩秋、江兆申、程十发、石鲁、黄胄、方增先、姚有信等,或在继承、发扬传统方面,或在中西交融方面,各有其创造性的贡献。

齐白石(1863—1957),名璜,字渭清,以号行,别号有寄萍堂老人、杏子坞老民、借山馆主人等,湖南湘潭人。少为木工,后寓北京卖画为生。他能书法,精篆刻,绘画工写兼能,人物、山水、花鸟、草虫、蔬果、鳞介皆擅长。人物、山水略有金农意趣,花鸟、蔬果大体上出于吴昌硕,草虫可以媲美两宋院体,鳞介则近于八大山人。从总体上看,他的画派是由吴昌硕重彩大写意的花卉画派演变而来的,但到了他的手里,再变而为"红花墨叶",显得更加单纯简洁;又以粗笔的花卉配缀工细的草虫,"妙在似与不似之间",更是一个前所未见的创意。反映在题材的选择方面,多从亲身经历的生活体验而来,而且是以一颗老而弥笃的农村少年的纯真童心去观察、感受生活,绝无任何伪饰、矫情,一片天真烂漫,同样是前所未见的独特创意。

黄宾虹(1865—1955),名质,字朴存,以号行,别号有虹庐、予向等,安徽歙县人。他出生于儒商家庭,从小受传统文化的熏陶,尤其钟爱诗文、书画。早年曾投身革命,民国维新后潜心从事学术和艺术的研究及创作,著作甚丰,对传统的研究极为深入。画工山水,兼作花鸟。初学新安派,后旁及正统派,又上窥宋元。所作以笔墨凌驾于物象之上,黑密厚重,浑厚华滋。其特点是一画之成,并不是单靠一点、一画、一遍而完成它的造型,而是无数次地往上叠加,每加每异;用笔平、圆、留、重、变,是为"五笔";用墨浓、淡、破、泼、渍、焦、宿,是为"七墨";点线的致密交织,错综复杂,乱而不乱。每于满纸的黑墨团中留以无数闪光的"画眼",它可能是纸地的空白点,也可能是黑上加黑的宿墨——"亮墨"点,则为其独创的画法。

徐悲鸿(1895—1953),江苏宜兴人。早年结识康有为,对文人写意画持有耿耿偏见。1919 年留法,推崇古典、学院的学实派,抨击现代派。归国后投身于美术教育事业,坚持现实主义,主张"素描是一切造型艺术的基础",并以此作为中西交融"改良中国画"的出发点。他的素描和油画极为出色,其造型之准确符合西洋画基本功要求的程度,在同时代留洋画家中首屈一指。反映在中国画方面,他基本上没有在传统中用过功,而只是将西画的技法、观念用中国画的工具、材料加以表现而已,因此,在风格上同他的油画、素描是完全一致的。

他擅画人物、山水、花鸟、走兽,尤以画马最为有名。其具体的画法,都是结合了对象的物理物性和解剖结构来用笔落墨,因此,他的笔墨形式完全撇开了传统的程式,而特别地富于绘画的造型性。这就比之清代郎世宁只讲造型、不讲笔墨的中西合璧画风,起了本质上的变化。

林风眠(1900—1991),广东梅县人。他与徐悲鸿同年留法,但却倾向于西方的现代艺术;归国后也曾从事美术教育和油画创作,但不久勘破世情,回归内心世界,致力于用中国画的形式来平衡自己的心理。他在中国画的传统方面也没有多大功底可言,而是将西方现代派如马蒂斯的线描画法移入到水墨宣纸上来,又从民间瓷画中吸取营养,流美光润的笔线,萧条淡泊的意境,虽为中西交融,但比之徐悲鸿更合于传统文人画超逸的审美理想。擅画仕女、花鸟、静物、山水,一种静默的寂寞无言之美,正是其逍遁出世思想的形象写照。构图多为正方式,为传统的绘画形制中所未见。水墨淡彩之外,又有一种浓重的粉彩画法,意境与之相通,但情趣上使人感到更近于西洋画而不能被称之为中国画了。

潘天寿(1897—1971),原名天授,字大颐,号寿者,浙江宁海人。长期从事中国画教学和创作,主张中西绘画拉开距离,反对把素描作为中国画的基础,擅画花鸟,兼作山水、人物。早年学青藤、白阳的水墨大写意画派,用笔放肆、粗暴,为吴昌硕所批评。此后自觉地加以收敛,寓奇崛于雄浑之中,尤其对清代高其佩的指头画法进行深入的探索研究,笔墨一变为艰涩、厚重,一味霸悍中涵有刚正清醇之气。对布局章法多有讲究,能从高处着眼,大处入手,造险破险,造成崇高奇峭的意象。传统文人画大多以典雅优美为尚,他却开辟出"登峰造极"的阳刚壮美之境,是一种既来自于古人、又前无古人的划时代创造,显示了传统中所蕴含的伟大生命力。

张大千(1899—1983),名爰、季爰,以号行,四川内江人。他早年拜曾熙、李瑞清为师学习书画,从石涛、八大山人入手,广为收藏、研究、临摹传统,又学明陈洪绶、唐寅、元四家、赵孟頫的画派,进而上溯两宋。作伪古人,能使鉴定名家走眼,而他自己,也正从中汲取了丰富的营养,焕发出旺盛的个性创造的生命力。在此基础上又西渡流沙,寝馈鸣沙石室,摹绘三唐六朝的敦煌壁画,满载而归。这样,直到50年代之前,上下千年,南北二宗,文人卷轴,众工画壁,古代绘画的传统,他都以豪迈豁达的胆魄,精细深刻的探求,加以融会贯通,为我所用。在绘画史上,论对于传统修养的深广,无人能出其右。所作人物、山水、花鸟,无论工细、彩墨,都有一种豪迈的气度和雍容的仪态。50年代后客居海外,受欧美艺术的影响,又从传统的泼墨画法中受到启发,中西融汇,创为泼彩的画法,更被认为是"石破天惊"的艺术创造。

傅抱石(1904—1965),江西新喻人。早年留学日本,研究美术史论,同时服膺石涛,并以此为基础,适当吸取东洋画法。抗日战争期间寓居重庆,心情抑郁,得江山之助,形成潇洒灵动而又豪放奔肆的画风。所画山水,独创"抱石皴"法,其特点是一变传统勾廓加皴的画法,把勾斫和皴擦糅为一体,自然挥洒成山石的朦胧影像;又用散锋的"破笔点",点缀树叶、苔草,有一种粗头乱服之感,由于抱石皴和破笔点对于造型的轮廓只是一种约略的意思,而不是明确肯定的,所以又通过渲染的办法以区别物象的阴阳和体量,使点线与块面呈自然隐现的衔接过渡。这种方法,特别地适合于画水、画雨,所以又有皴水法、洒水法等等,都是前无古人的新创。50 年代后,积极配合为政治服务的文艺政策,以革命圣地、现实生活的写生为创作的基本题材,画风也相应收敛,成为水彩画式的处理,艺术水平大为下降。所画人物,多作古代的高士、仕女,主要受陈老莲、顾恺之和唐人的影响。高古游丝描略参抱石皴的笔意使之兰叶化,界定轮廓在若有若无之间,飘逸隽雅,奇俏而又古朴,成就在山水之上。

吴湖帆(1894—1968),名倩,号丑簃,江苏苏州人。他是一位官宦富家子弟,精鉴赏,富收藏。山水初学四王,又从董其昌、唐寅上溯元四家和北宋诸大家,传统功力深湛,仅就南宗正统而言,水平在张大千之上。作风精谨雅逸而又不失典丽,清真雅正,无一笔海派俗气。亦工花卉竹石,竹石学顾安,得风娇雨秀之致,花卉学恽寿平没骨法,丰肌艳骨,清隽雅逸,格调非常之高,绝无明清花鸟的酸颓和庸俗。

李可染(1907—1989),江苏徐州人。年轻时曾学过素描、油画,后转入中国画的教学和创作,主要立足于生活,积学致远,自成面貌。长于人物、水牛,尤以山水著称。早年笔致轻灵,色彩淡冶,结境清旷,虽为写意,但屏去酸颓,作风幽雅优美。70年代以后,转向粗黑沉重,大山大水,严重肃之,恪勤周之,艰涩负重的用笔,反复积染的用墨,铺天盖地的章法,给人以石雕碑刻般的崇高森肃、雄伟壮美之感,与清代的龚贤、北宋的范宽有相近之处。

刘海粟(1896—1994),江苏常州人。长期从事美术教育和创作,擅画油画、中国画,中国画则以山水、花鸟、走兽最为有名。他于油画推崇凡·高,对中国画则学石涛、沈周;晚年以后又学徐渭的水墨大写意,又糅合西法作泼彩,其作风大胆而又狂热。所画线条坚凝雄健,有一种钢筋铁骨般的力量和韧性;泼墨泼彩则笔飞墨舞,如风驰雨骤,极其狂放不羁,所谓"当其下手风雨快,笔所未到气已吞",老辣豪迈,气魄过人,令人有骇目洞心之感。每以石青、石绿、朱砂、锌白排山倒海般地施泼在画面上,强烈漫漶的色块相互撞击、扭结,有一种主体动态的效果,展现出阔大雄肆之美,但有时也不免失之粗野。

高剑父(1879—1951),又名嵛,其弟高奇峰(1888—1933),名嵡,同门陈树人(1884—1948),名韶,他们都是广东番禺人,先从居廉学画,后留学日本,归国后共创"岭南画派",合称"岭南三杰"。他们均以花鸟、山水为擅长,共同的特色,都是注重写生逼真,而在具体的画法上,少用笔墨勾皴,多用色彩渲染,系受日本画的影响对中国传统画法所做的改良。不同的是,高剑父的画风雄强浑厚,笔墨的行走顿挫转折,风骨遒迈,并多有飞白的笔道,以表现一种苍劲的体势;高奇峰的画风刚健挺拔,近于乃兄而稍加清丽活泼;陈树人则不用方硬枯老的笔墨,而是以温润柔媚的画法来抒写清新的情调。

朱屺瞻(1892—1996),号起哉,江苏太仓人。他早年学油画,后转入中国画,但直到八十岁之前,个性风格并未确立;八十岁之后,大器晚成,卓然崛起于画坛。他长于山水、花卉画,属于重彩大写意的范畴,但从传统的渊源上,很难看出他的由来所自。虽然,他也曾临摹过一些古人的名作,但全是以己意为之,未能得古人的外貌神韵。用他自己的话说,他的绘画是"瞎拓拓"的结果。但由于他得天独厚的年岁与日俱增,再加上早年的油画经历,所作笔力雄健老辣,取象单纯简洁,浑厚而又拙朴,同时又不失天真,热烈而响亮的重彩,斑驳陆离,一片化机,形成其独具的风格面貌。

陆俨少(1907—1993),字宛若,上海嘉定人。早年从冯超然学画山水,由正统派入手。后因抗战避兵入蜀,目睹三百里江陵之险,得江山之助,画风渐变。50 年代之前,以四王为主,嗣后由明而元,由元而宋,糅合南北二宗,个性风格渐趋形成,尤以作唐寅、王蒙的两路最为精彩,画风缜密娟秀,灵气外露,变幻无方。70 年代之后形成程式,笔墨亦渐趋粗疏。其总体风格倾向于用线而不是用墨,流畅疏秀,刚柔兼济,为石涛之后所仅见;章法则由小而大,逐层生发,多有动感,勾云、勾水、留白的处理,更为其独擅。他的这种笔法和章法,适宜于画册页、手卷等小品画,用于大幅面则未免有琐碎之弊。与李可染并称"南陆北李",艺术风格上也正好形成决然的对比。旁及花卉,以梅花为最精。

谢稚柳(1910—1997),江苏常州人。工画山水、花鸟,间作人物,又精鉴赏,对传统的认识之深刻,五百年间无有其俦。而他的绘画,也正是全从传统中来,绝无凭空的臆造。初工花鸟,学陈洪绶,后学北宋山水,学晋唐人物。70年代之前,画风遒丽而又敦重,精细而又潇洒,气度堂皇,理法森严,笔笔都是传统,笔笔又都是他自己的个性创造。70年代后拈出徐熙"落墨法",画风转向粗放,色彩转向缤纷,所作注重整体的气势,章法大,气度大,但性格却是温和敦穆的,一点没有霸悍的火气。由此足以窥见他对于传统的修养,已经达到了炉火纯青。

陈佩秋(1922—),女,字健碧,河南南阳人。早年求学于国立艺专,学山水,毕业后又转工花鸟。所作取法五代、两宋的院体,山水则水墨苍劲,花鸟则勾染精微;又致力于写生,与传统相为发明。70年代转学八大山人的水墨大写意,笔墨精炼而又简括,奔放而不失文雅。80年代后又将西方印象派的光色处理办法与宋人的写生传统结合起来,花鸟、山水均开出一新生面,尤其是青绿山水,创为点彩之法,一变传统的渲染法,但它的精神依然还是传统的。在几千年的中国绘画史上,她是最伟大的一位女性画家;而在20世纪的中国画史上,她也是屈指可数的伟大画家之一。

江兆申(1925—1996)，安徽歙县人，长期工作、生活在台湾。中国传统绘画在海外的发展，自张大千、溥儒、黄君璧号称"渡海三大家"之后，当以江为第一，而论其实际的成就，逊于张而齐于溥，出于黄之上。擅画山水，间作花卉。其画风由清代新安派的弘仁参合张大千、溥儒，注重以方折的线条造型，结构近于弘，恢宏豪迈的大构图、大章法近于张，而树法的勾点则得之于溥。能以清人的笔墨，运宋人的丘壑，而泽以时代的精神气韵，在 20 世纪的山水画坛矗立起又一座高峰。

程十发(1921—2007)，名潼，上海松江人。早年从事连环画创作，拙于写实的造型，但构图能力和线描功夫极为精湛。后专攻中国画，初由陈洪绶、任颐入手画人物，多作古典题材或少数民族风情，形象夸张而优美，线描灵逸而变幻无方，赋色则热烈明快，于传统之外别创新格，个性的创意十分鲜明。后由人物画法演为花卉，并参用西方印象派的光色处理方法，迥出同时花鸟画家之上。90 年代以后又画山水，成就稍逊。

石鲁(1919—1982)，原名冯亚珩，四川仁寿人。与赵望云并为长安画派的创始人，擅画人物、山水、花卉。早年画风写实，晚年转向大写意。但笔墨的风格仍是一致的，以崇高、充实、阳刚、豪放为特色。其写实之作，法度严谨，富于雕塑的体面感和团块效果，极其敦实厚重。其写意之作，纵放悍怒，恣来肆往，粗、黑、乱、怪，给人以高度险峻紧张的冲突感和奇崛感，发泄着火山喷发一般的孤愤和热情，令人有惊心动魄之感。

黄胄(1925—1997),原名梁涂堂,河北人。曾师从赵望云,长期生活在新疆西北,以速写的方法画维吾尔族风情名噪一时。所画人物,线描飞动,构形游移,富于生生不息的动感。所作毛驴,以水墨点垛,形神兼备,尤称绝诣。他对于传统并没有多少修养,但由于他丰富的生活体验,以及大量的速写实践,以毛笔易炭笔,宣纸易卡纸,居然别开生面,这实际上为传统的发展提供了相当重要的借鉴经验。

方增先(1931—),浙江兰溪人。毕业于浙江美术学院,早年曾学油画,后转为国画,擅长人物。素描功底极深,写生造型能力极强,在传统人物画家中极为罕见。其画风以素描结合笔墨,有别于一般以素描作为一切造型艺术基础的中国画人物画家,虽然象形,却笔墨全无。而是既有造型的真实性,又不失笔墨的传统性,成为50年代以后浙派人物画的开创者和代表者,并被作为嗣后全国中国画人物画教学和创作的主要模式,凡画现代题材的,几乎没有不受其影响的。80年代以后试图从素描中解脱出来,并由现代题材转向古典题材。所画讲求线描,适当加以夸张变形,但成就和影响均不如早年的风格来得大。

姚有信(1935—1996),浙江宁波人。毕业于浙江美术学院,擅长人物画,又工连环画。他的素描造型能力也是极强的,以素描结合笔墨的训练全来自浙派人物画,但由于他曾长期兼事连环画的创作,在构图的能力方面胜人一筹。当代现实题材的创作,成就不在一般浙派人物画家之下,但由于他不是这一画派的开创者而只是追随者,又由于特殊的政治原因,所以名声不是很高。70 年代以后,转向玩赏性题材的创作,以画古典和少数民族风情题材为多,借鉴西方印象派马奈、雷诺阿、德加等的画法,色彩、形象的华美优雅,开出了一个新的情调。其作品在 20 世纪的人物画史上,堪与程十发、方增先并称为三大具有绘画史意义的创造:程是以传统的笔墨为基础适当吸取印象派的光色法,方是以素描为基础同时又讲求传统笔墨的般配,姚则由方的画派进而融合印象派的画法而自成面貌。20 世纪的人物画坛,有成就的画家虽然不少,但论创意,均不能与这三家相比,如张大千、傅抱石等都是恪守传统稍加变化;徐悲鸿、蒋兆和以素描为主,笔墨有所不足,黄胄的速写法,实际上仍不出素描的范畴,这一画派的成就,最终归功于方增先;而林风眠以西方现代派马蒂斯的画风作人物,亦未能专精,这一画派的成就,最终应归功于姚有信。

第八章　中国画的气韵

人品与画品

与西洋绘画不同,中国画不只是一门技术之事,更是一门人生的修养课业。所以,历来对于中国画理论的研究,都喜欢把"技而进乎道""艺而进乎道"作为最高的目标。所谓"技"或"艺",当然是指技术水平的高低而言;而"道",则是指人生修养的境界而言。有一个问题有必要在这里加以指出,历来对于中西绘画的比较,大多着眼于技术上的处理而言,如重笔墨或重色彩的问题,重写意或重写实的问题,等等,这一切当然是客观存在的,也是足以反映二者之间的区别的;但作为根本的、实质性的区别,有一个现象却为人们所忽视了,这个现象便是:中国的画家作油画,水平可以不在西方的画家之下,至少可以登堂入室;而西方的画家作国画,则没有一个能够入门的。这一现象掩盖下的本质,便是西洋画侧重于技术之事,中国画则侧重于修养之业,技术之事可以在短时期内为众多的学习者所掌握,而修养之业则绝不是可以通过简单的学习途径而完成的,即使生活在中国传统的文化圈内,有些中国的画家画了一辈子的中国画,也不一定能理解、领会中国画的精髓之所在,遑论这一文化圈之外的西方画家?

关于"技而进乎道"的说法,来自于《庄子·养生主》中的一个典故:庖丁为文惠君解牛,游刃有余,文惠君慨叹说:"善哉!技盖至此乎!"意思是你的技术竟然达到了如此高超的水平。庖丁就回答说:"臣之所好者,道也,进乎技矣。"意思是我所懂得的是人生的基本道理,不过把这一道理用之于解牛的技术而已。后来的人,便把这一说法颠倒过来,把任何一门出神入化的技艺称之为"技而进乎道"。如唐代的符载在《江陵陆侍御宅宴集观张员外画松石序》中称赞张璪的画艺说:

> 观夫张公之艺,非画也,真道也。当其有事,已知夫遗去机巧,意冥玄化,而物在灵府,不在耳目,故得于心,应于手,孤姿绝状,触毫而出,气交冲漠,与神为徒。若忖短长于隘度,算妍媸于陋目,凝觚舐墨,依违良久,乃绘物之赘疣也,宁置于齿牙间哉! 于戏! 由基之弧矢,造父之车马,内史之笔札,员外之松石,使其术可授,虽执鞭之贱,吾亦师之。如不可求,从吾所学,则知夫道精艺极,当得之于玄悟,不得之于糟粕。①

这就把问题说得非常清楚,技术是可以学的,道则是不可学的,它只能得之于玄悟的修养。而《老子》中也专门说道:"为学日益,为道日损,损之又损,以至于无为。"意思是技术的学习是

---

① 转引自《唐文粹》卷九十七,四部丛刊本。

一个与日俱增的过程,而道的修悟则是一个与日俱损的过程,一旦进入到无为的大彻大悟,也就可以"无为而无不为"了。

一个人对于道的修悟程度的高下,实际上反映了他的人品的高下。而所谓人品,根据长期以来流行的观点,无不将之作为一个伦理道德的问题。所谓"高"的人品,也就是"好"的或"善"的人品,如忠、孝、节、义等等,而所谓"下"的人品,也就是"坏"的或"恶"的人品,如不忠、不孝、不节、不义等等。但事实上,这种观点并不能令人信服。因为,伦理道德的标准是一个因时、因地而不断变易着的范畴,此时、此地是"好"的或"善"的人品,彼时、彼地不免沦为"坏"的或"恶"的人品,于是需要不断地翻案,不断地平反冤假错案,使"坏"人成为"好"人,或者使"好"人变为"坏"人。这种情况,在历史上乃至现实中,可谓屡见不鲜。如元代的赵孟頫,以宋朝的宗室出仕元朝,颇受当时、后世人的非议,被认为是有失民族气节,在伦理道德上是不足取的,他自己也常常为此感到内疚;而在今天的美术史研究中,则有人为之翻案,认为汉族和蒙古族都是中华民族大家庭中的成员,赵孟頫出仕元朝,不仅不存在丧失民族气节的问题,反而促进了民族的团结,是有功而无过的。这两种观点,对于赵孟頫人品的评价虽然截然相反,但基本的立场却是完全一致的,即都是把人品问题看成是政治的伦理道德问题,因此,都是不足为训的。至于认为他的仕元有功而无过,更无法成立,因为,民族大家庭的认识是今天的观念,在当时,汉族和蒙古族之间的对峙是历史的客观存在,以宋室而仕元作为一种丧失民族气节的行为毋可置疑。那么,对于赵孟頫的人品问题,究竟应该做怎样的评价呢?一言以蔽之,便是应该站在道的立场上来看问题。

站在道的立场上,所谓人品的问题就不能被认为是一个伦理道德的政治善恶问题,而是一个气度、气质的纯粹人格问题。所谓高的人品,实际上也就是大的人格,气度大,气质大;而所谓下的人品,实际上也就是小的人格,气度小,气质小。《老子》说:"有物混成,先天地生,寂兮寥兮,独立而不改,周行而不殆,可以为天下母。吾不知其名,字之曰'道',强为之名曰'大'。大曰逝,逝曰远,远曰反,故道大,天大,地大,王亦大,域中有四大,而王居其一焉。人法地,地法天,天法道,道法自然。"道即大,所以,大的气度、气质、人格,也就是合于道的人品。

道德的善恶是后天而成的,而人格的大小则是先天而生的。所以,人品问题反映在绘画中,便有"气韵不可学""气韵必在生知"等说法。如宋代的郭若虚在《图画见闻志》中"论气韵非师"所说:

> 谢赫云:"一曰气韵生动,二曰骨法用笔,三曰应物象形,四曰随类赋彩,五曰经营位置,六曰传模移写。"六法精论,万古不移。然而,骨法用笔以下五法可学,如其气韵,必在生知,固不可以巧密得,复不可以岁月到,默契神会,不知然而然也。尝试论之,窃观自古奇迹,多是轩冕才贤,岩穴上士,依仁游艺,探赜钩深,高雅之情,一寄于画,人品既已高矣,气韵不得不高,气韵既已高矣,生动不得不至。所谓神之又神,而能精焉。凡画必周气韵,方号世珍,不尔,虽竭

巧思,止同众工之事,虽日画而非画。故扬氏不能授其师,轮扁不能传其子,系乎得自天机,出于灵府也。且如世之相押字之术,谓之心印,本自心源,想成形迹,迹与心合,是之谓印。爰及万法,缘虑施为,随心所合,皆得名印。矧乎书画发之于情思,契之于绡楮,则非印而何? 押字且存诸贵贱祸福,书画岂逃乎气韵高卑? 夫画犹书也,扬子曰:"言,心声也,书,心画也,声画形,君子小人见矣。"①

这段话对于我们认识中国传统绘画人品与画品的关系问题非常重要,它的要义可以概括为三点:一、人品必在生知,它是不可学的;二、画品系乎人品,人品高则画品高,人品卑则画品卑;三、士大夫的人品高于众工,所以士大夫的画品也高于众工。

但是,根据中国传统"信天命,尽人事"的观念,一个人的人品固然是天生的,但后天的修养也有助于它的涵养和发展,使它从数量上引起变化,甚至由量变而引起质变。比如说,一个先天大度的人,后天继续沿着这一方向努力,可以使他的人品更高、更完善;如果沿着相反的方向努力,则可能影响到它的高度,甚至由高而堕于卑;同理,一个先天小气的人,后天继续沿着这一方向努力,可以使他的人品沦于不可收拾;如果沿着相反的方向努力,则可能改变它的卑下甚至有所提升。王安石曾写过一篇《伤仲永》的短文,大意是说,江西的金溪县有一个神童方仲永,其通悟受之于天,结果,因为不努力学习而沦为普通人;那么,我

---

① 宋·郭若虚《图画见闻志》卷一,《画史丛书》本。

们这些本来就是普通人的,如果不努力学习,真要连个普通人也做不成了!作为绘画史上的例证,便是明代的文徵明,他少年时不很聪明,后来坚持不懈地努力,最终成为吴门画派的领袖。

因此,在天生的人品面前,每一个人都不是消极被动的,而可以充分地发挥自己的主观能动性,使之不断地有所提高。所以,《孟子》中就说:"我善养吾浩然之气。"说明后天的修炼补养,有助于扩充先天的气度,使不足者足之,足者持之。而董其昌也明确表示:"画家六法,一曰气韵生动,气韵不可学,此生而知之,自然天授。然亦有学得处:读万卷书、行万里路,胸中脱去尘浊,自然丘壑内营,成立鄞鄂,随手写出,皆为山水传神。"①

需要说明的是,古代中国人所讲的读书、行路,一般都不带功利的目的,而主要是出于培养人格精神、涵养胸襟气度的目的,以无为而求无不为。如他读四书五经,并不能直接地用之于某种实际的事务,读李杜欧苏,更与实用无关,但通过这一途径,可以使他懂得修身、齐家、治国、平天下的道理,或获得性情的陶冶,从而提升了人格精神,则无论他今后从事哪一种实际的事务,都能很快地适应。又如他登山临水,并不一定是为了今后做一个地理学的专家,广泛交游,也并不一定是为了与交游者结成某种实利方面的关系,但通过这一途径,可以增进他对于自然景观和人文景观的见识,从而扩充了胸襟气度,则无论他今后从事哪一种实际的事务,同样能够很快地适应。

---

① 　明·董其昌《画禅室随笔》,《历代论画名著汇编》本。

综上所述,所谓"高"的人品,大体上可以用《论语》所说的"温、良、恭、俭、让"五个字加以概括。它一方面是与生俱来的,另一方面也经过了后天"读万卷书,行万里路"的不懈修炼和涵养。由于这五点,都是合乎传统文化正确、规范、文明、高尚、美好的要求,也就是"雅"的要求的,所以,"高"的人品一般也被称作"高雅"的人品。所谓"温",也就是温和敦厚,而不是冷漠刻薄;所谓"良",也就是善良和悦,而不是穷凶极恶;所谓"恭",也就是严肃认真,而不是马虎草率;所谓"俭",也就是节俭淳朴,而不是侈奢浮华;所谓"让",也就是谦让含蓄,而不是不留余地。在这里,除了"良"与伦理道德有某些关联之外,其他四点均属于纯粹的人格概念。这样,我们就不难明白,根据人品与画品的统一性,为什么像赵孟𫖯那样在气节上不足称道的画家,他的画品却是高雅的而不是卑下的。道理很简单,因为尽管他在气节上不足称道,但他的人品却是高雅的,所以,他的画品自然也是高雅的。

高雅的人品反映于绘画,一般地说也总是表现为高雅的画品,当然,具体还要看画家的技艺是否娴熟、是否高超。苏轼曾指出:"虽然,有道有艺。有道而不艺,则物虽形于心,不形于手。"①在这方面,他是有切身的体会的:文同曾教他怎样画竹的方法,"与可之教予如此,予不能然也,而心识其所以然。夫既心

---

① 宋·苏轼《苏东坡集》前集卷二十三,《书李伯时山庄图后》,商务印书馆 1958 年重印本。

识其所以然而不能然者,内外不一,心手不相应,不学之过也。故凡有见于中而操之不熟者,平居自视了然而临事忽焉丧之,岂独竹乎?"①这就是心手不相应或称眼高手低,所以到了实际的创作中便成为"迹不逮意",即技法落后于心境,从而影响到心境的完美传达。但是,在这种情况下,仅仅是高雅的画品没有能够获得尽致的表现而已,却并不至于使画品沦为卑下。而为了使人品在画品中的反映能够得心应手,就需要进一步加强绘画技法的操作性训练。

中国绘画史上通常把最高的画品称为"逸品",当然,与之相应的人品也必然是"逸"的。所谓逸,有几方面的含义,第一个含义是逃避、隐退,作为人品,便是远离正常的社会秩序,作为画品,则是远离正常的绘画法度;第二个含义是放纵,无论作为人品还是画品,其义自明;第三个含义是安闲,无论作为人品还是画品,其义亦自明。

逸品的由来始于唐代朱景玄的《唐朝名画录》,他"以张怀瓘《画品》断神、妙、能三品,定其等格上中下,又分为三;其格外有不拘常法,又有逸品"。他没有明确解释何为逸品的含义,但从其所列的三位逸品画家,分别为王墨、李灵省、张志和,多为落拓不拘检、不知何许人的放逸之士,所作的画品,多以酒生思,应手随意,泼墨而成,"非画之本法,盖前古未之有也"。显然是属于逸品的第一、第二两种含义。而这两种含义,尤其是第二种含

---

① 同上卷三十二《文与可画筼筜谷偃竹记》。

义,从根本上说,是不合于前述温、良、恭、俭、让的要求的,所以,在当时并没有被作为最高的画品,甚至没有被作为正常的画品。对类似画品的评价,在张彦远的《历代名画记》中也有所涉及,他认为吹云、泼墨之画,"虽曰妙解,不见笔踪,故不谓之画"。

然而,到了北宋黄休复的《益州名画录》中,却把逸品画格置到了神、妙、能三品之上,不仅承认了它是正常的画品,而且认为它是最高的画品:"画之逸格,最难其俦。"被推崇为逸品的画家并世只有孙位一人,关于他的为人和画风的记载,是"性情疏野,襟抱超然,虽好饮酒,未尝沉酩,禅僧道士常与往还,豪贵相请,礼有少慢,纵赠千金,难留一笔",而所画"皆三五笔而成""势欲飞动"。无疑,也是王墨等的一脉相沿。但从其传世的《高逸图》卷来看,似乎并不是怎样的放纵,而依然是法度森严的,只是无刻板拘谨之劳而已。

同时的徐熙,以闲放的识度,高迈的志节,用落墨法写汀花水鸟,人目之为"野逸",无疑也是属于"逸品"的范畴,但已属于第一、第三两种含义,而由狂逸、放逸变为静逸、清逸了,这就使之纳入了温、良、恭、俭、让的范畴之中,对嗣后逸品的发展导向起到了正本清源的作用。

徐熙的逸品,在当时评价极高,至少在花鸟画苑,无人能出其右。但在北宋初年的画院中受到黄居寀的排斥,被认为"粗恶不入格";而黄休复的四品秩序,也在北宋末年的画院中被赵佶重新加以调整,成为神、逸、妙、能。但事实上,赵佶本人的画品,也是以徐熙野逸为宗的,画院中之所以不加推崇,也许并不是对逸品的歧视，而是考虑到高雅之事与众工之事应该有所区别，所以一时之尚，专以形似，稍有放逸，则谓不合法度或无师承。稍后的邓椿认为，这样的画品是"不能高也"的，还是应该把逸品推置首位"为当也"。① 这实际上反映了当时对于画品的评价，已经不是笼而统之地加以对待，而是分成了文人与众工两路，并分别采取了不同的标准，文人以逸品为高，众工以神品为先，而从总的方面，又以文人置于众工之上。由此而预兆了文人画压倒画工画成为画史主流的趋向。邓椿进而指出：

> 画者，文之极也，故古今之人，颇多著意。张彦远所次历代画人，冠裳大半，唐则少陵题咏，曲尽形容，昌黎作记，不遗毫发。本朝文忠欧公、三苏父子、两晁兄弟、山谷、后山、宛邱、淮海、月岩，以至漫仕、龙眠，或评品精高，或挥染超拔，然则画者，岂独艺之云乎？难者以为自古文人，何止数公，有不能且不好者，将应之曰："其为人也多文，虽有不晓画者寡矣；其为人也无文，虽有晓画者寡矣。

> 画之为用大矣，盈天地之间者万物，悉皆含毫运思，曲尽其态，而所以能曲尽者，止一法耳。一者何也？曰传神而已矣。世徒知人之有神，而不知物之有神。此若虚深鄙众工，谓虽曰画而非画者，盖止能传其形，不能传其神也。故画法以气韵生动为第一，而若虚独归于轩冕岩穴，有以哉！

这段话，当然有不少错误之处，如张彦远《历代名画记》等

---

① 　宋·邓椿《画继》卷九、卷十，《画史丛书》本。

"所次历代画人,冠裳大半",主要是因为当时的绝大部分画工无名姓可传的缘故,但他们所留下的作品,无论数量之多还是水平之精,实际上多不在"冠裳"之下。这一点,可以从西汉、魏晋、隋唐的壁画遗存看得非常清楚。至于把杜甫、韩愈、欧阳修、苏轼等文人题咏,也归于画苑,以"晓画"置于能画之上,更加于理不通。但它的宗旨,在于为文人画张目,并赋予传统绘画史的发展以特殊的人文精神,还是值得称道的。从此之后,由人品"高雅"的文人士大夫所创作的画品,也就以其特有的"高雅"——"逸"而为人所津津乐道了。

作为这种新的"逸品"的最高典范,便是元代的文人画。一方面,元代的文人大多以平淡的心情隐逸山林或身在魏阙而心存江湖,另一方面,他们的创作也以平淡天真为尚。这就有别于早先"逸品"的狂放不羁,而纳入到了温、良、恭、俭、让的最高的传统文化品位之中。如清代的恽寿平一再发挥元人的"逸品"所说:

> 不落畦径,谓之士气,不入时趋,谓之逸格。其创制风流,昉于二米,盛于元季,泛滥明初。称其笔墨,则以逸宕为上,咀其风味,则以幽澹为工。虽离方遁圆,而极妍尽态,故荡以孤弦,和以太羹,憩于阆风之上,泳于沆瀣之野,斯可想其神趣也。
>
> ……
>
> 高逸一种,盖欲脱尽纵横习气,澹然天真,所谓无意为文乃佳,故以逸品置神品之上。

　　……

　　元人幽亭秀木,自在化工之外一种灵气,惟其品若天际
冥鸿,故出笔便如哀弦急管,声情并集,非大地欢乐场中可
得而拟议者也。

　　……

　　寂寞无可奈何之境,最宜入想,亟宜着笔,所谓天际真
人,非鹿鹿尘埃泥滓中人所可与言也。①

　　其基本的倾向,是一种淡泊、宁静的境界。这一境界的人品
和画品之所以获得推崇,从根本上说,是由于中国封建社会后期
的文人士大夫,无论在朝还是在野,大都无法实现自己"达则兼
济天下"的怀抱,不得已而"穷则独善其身",需要在超尘脱俗中
复归自然,并完善自己的人格。因此,尽管这是一种很高的品
格,但它仅仅只是传统文化品格的一个侧面,而不是全部,即使
它占据了传统文化品格的主导地位,也不能因此而否认与它相
对立的另一侧面——充实、光辉之为美。

　　要而言之,所谓"高雅"的品格,大体上可以一分为二,一种
为"高逸",即淡泊、宁静的逸品,类似于西方美学所称的优美;另
一种为"高大",即充实、光辉的神品,类似于西方美学所称的壮
美。但这种区分,主要是着眼于风格上的不同而言,而不是着眼
于品格上的高下而言。以四品而论,神品、能品大约可以归为一
类,逸品、妙品又可归为一类。由能品经过功力上的渐修可臻于

──────────

　　①　清·恽寿平《南田论画》,《历代论画名著汇编》本。

神品,由妙品经过才力上的顿悟则可臻于逸品。所以,就品格的高下而言,神品高于能品,逸品高于妙品,而神品与逸品则是同等的,并没有孰高孰低之分。试来分析黄休复在《益州名画录》中所提出的四品:

> 画之逸格,最难其俦,拙规矩于方圆,鄙精妍于彩绘,笔简形具,得之自然,莫可楷模,出于意表,故目之曰逸格尔。

其意思是说,逸品画格是生而知之不可学的。这就是郭若虚所论"气韵必在生知"的道理。而所谓"得之自然"的"自然"二字,也正是指天然的、非人为的意思,它纯粹存在于人的内在禀赋之中。

> 大凡画艺,应物象形,其天机迥高,思与神合,创意立体,妙合化权,非谓开厨已走,拔壁而飞,故目之曰神格尔。

意思是说,神品画格是以天机与人力相契合,最终使人力的创意妙合化权的结果,而它的侧重,则不在于内在禀赋的主观方面,而在于应物象形即应付客观的功力修炼方面。

> 画之于人,各有本情,笔精墨妙,不知所然,若投刃于解牛,类运斤于斫鼻,自心付手,曲尽玄微,故目之曰妙格尔。

意思是说,妙品画格是内在禀赋的反映,但由于先天和后天的原因,未能达到逸品的高度。

> 画有性周动植,学侔天功,乃至结岳融川,潜鳞翔羽,形象生动者,故目之曰能格尔。

意思是说,能品画格是对于客观应付能力的反映,但由于先天和后天的原因,未能达到神品的高度。

　　虽然,黄氏在这里并不是以壮美、优美为标准来加以立论的,而是以客观、主观为标准来加以立论的,但唐代之前的画工画,大都侧重于客观的、功力的表现,而以壮美的神品为最高境界,元代以后的文人画,大都侧重于主观的、才力的表现,而以优美的逸品为最高的境界,则是显而易见的。而正由于逸品的画格侧重于主观的才力,因此,比之于神品,它也就更加强调人品与画品关系的统一性,更加强调人品修养的重要性。

　　但是,这样说,并不意味着以神品为最高境界的画工画就不需要人品的修养。人品修养的终极目标,是进入超越之道,无为而无不为,从这一意义上说,画工画与文人画并无不同。但是,文人画对于人品的修养,主要是从“文”入手,由超越世俗的人情而连带超越画艺,进而升华到“技进乎道”的境界;画工画对于人品的修养,则主要是从“技”入手,由对于画艺的直接超越而进入“技进乎道”的境界。由于各人先天的才力和后天的人力所限,所超越的程度不同,所能达到的境界也就不同,失于逸而为妙,失于神而为能。

　　关于文人画的人品修养及其在画品中的体认,董其昌在《画禅室随笔》中比喻为“一超直入如来地”;而对于画工画的人品修养及其在画品中的体认,则比喻为“积劫方成菩萨”。换言之,前者是不经量变而直接引发质的飞跃,后者则是由量变而逐步引起质变。

　　不过,讲到文人画的人品修养,一般都容易理解;而讲到画工画的人品修养,却难以为人接受。事实上,张彦远在《历代名画记》中对顾恺之和吴道子各有一段评价，可以作为比较。他论顾恺之说：

> 遍观众画，唯顾生画古贤，得其妙理，对之令人终日不倦，凝神遐想，妙悟自然，物我两忘，离形去智，身固可使如槁木，心固可使如死灰，不亦臻于妙理哉！所谓画之道也。

这是顾恺之的画品，也是其人品的反映。而论及吴道子则说：

> 守其神，专其一，合造化之功，假吴生之笔，向所谓意存笔先，画尽意在也，凡事之臻妙者，皆如是乎，岂止画也。与乎庖丁发硎，郢匠运斤，效矉者徒劳捧心，代斫者必伤其手，意旨乱矣，外物役焉，岂能左手划圆，右手划方乎？……夫运思挥毫，自以为画，则愈失于画矣。运思挥毫，意不在于画，故得于画矣。不滞于手，不凝于心，不知然而然，虽弯弧挺刃，植柱构梁，则界笔直尺，岂得入于其间矣。

这是吴道子的人品，也是其人品的反映。顾恺之是"三绝"的文人，吴道子是天纵的"画圣"，两人的品格不同，但所达到的境界却是同等的。虽然，顾的画品还不是典范意义上的逸品，但逸品、神品，在"技进乎道"的境界上可能殊途同归、并驾齐驱，则是可以看得再清楚不过的了。

所以，综观画史，迄止清代之前，从有迹可循的方面来看，如汉、晋、唐的壁画，两宋的院画，顾恺之、吴道子、张萱、周昉、韩幹、孙位、荆浩、董巨、李范、李公麟、郭熙、王诜、赵佶、刘李马夏、扬无咎、赵孟坚、钱选、赵孟頫、高克恭、元四家、董其昌、陈洪绶、四高僧、龚贤、清六家等的作品,或神或逸,大都可以归于最高的画品,同时因画知人,借以反窥到他们相应的人品。而如张择端、李嵩、曹知白、朱德润、唐棣、戴进、吴伟、边景昭、林良、吕纪、明四家、徐渭、扬州八怪、赵之谦、虚谷、任伯年、吴昌硕等的作品,或能或妙,至多只能归于次高的画品,同时因画知人,借以可以反窥到他们相应的人品。

　　需要指出的是,由于在很长一段时期以内对于中国画史的研究,于人品则贬画工而褒文人,于画品则贬神、能而褒逸、妙,甚至把神品同于能品并归于俗品,而把妙品同于逸品而归于雅品,于是对画工的工笔设色画一概地予以指责,对文人的水墨写意则一概地予以推崇。这种观点,是十分偏颇的。确实,画工画中有不少作品刻板拘谨,庸俗萎靡,品格是不高的,有些甚至连能品也算不上;但敦煌莫高窟的晋唐壁画又如何呢?两宋院体的山水、花鸟画又如何呢?反过来看,文人画中固然有潇洒出尘、格调逸易的高雅之品;但徐渭的画品又如何呢?扬州八怪的画品又如何呢?

　　徐渭量小器浅,恃才傲物,结果,于仕途失意之后终于发展到疯狂,说明他的人品修养始终未能达到超越的平淡境界,心理承受的能力是非常薄弱的。所以,反映于他的画品,也是满腔怨愤,耿耿于怀,狂涂乱抹,笔墨浮躁而刻薄。扬州八怪中的大多数画家都是徐渭的崇拜者,郑燮甚至自称"徐青藤门下走狗",所以,他们的遭际、性格也就与徐同病相怜:狂怪、偏激、穷愁潦倒、仕途凶险、怨天尤人是他们共同的特点。所以,反映于他们的画品中,同样也是苦、冷、寒、酸、贫、病、愁、怨,或画乞丐,或画鬼魅,穷极无聊,随意挥洒,横涂竖抹,恣肆草率。这样的人品和画品,尽管自命清高,实际上却是矫饰穷酸,甚至连妙品也是算不上的。可见文人画中由人品的大坏而导致画品的大坏,而由于它借助了"文"的面具,其危害之大,比画工画中的庸俗之品,过犹之而无不及,在后世的画坛上产生了广泛而深远的负面影响。

对于这种所谓的"逸品"的危害性,早在董其昌的《画禅室随笔》中已经有所警惕。众所周知,董其昌是推崇文人画、贬抑画工画的代表人物,但他却绝不盲目地推崇"逸品",反而明确表示:

> 画家以神品为宗极。又有以逸品加于神品之上者,曰失于自然而后神也。此诚笃论,恐护短者窜入其中。士大夫当穷工极妍,师友造化,能为摩诘,而后为王洽之泼墨;能为营丘,而后为二米之云山,乃足关画师之口,而供赏音之耳目也。

这主要是从画品加以立论,认为片面地强调"逸品"会导致草率的画风,所以应以"神品"为宗极,认认真真地作画,然后再由精微入放逸,绚烂入平淡。他没有在这里谈人品,但根据人品与画品的统一关系,必然是先学会认认真真地做人,然后才能认认真真地作画。而那种草率的、不负责任的做人方式,毋庸置疑地是不可取的。

最后,有一个问题需要在这里加以说明,有人认为,发生在徐渭、扬州八怪等身上的那些人品怪僻,是因为不公正的社会现实加之于他们的不幸遭际使然,因此,对他们的人品修养也就不能加以非议。这种说法虽有一定的道理,但现实的社会总是不公正的,为什么有人能避开这些祸害? 有人却无法避开这些祸害甚至相反地经常去招惹这些祸害呢? 事实上,在不公正的现实社会中不受危害甚至青云得意的,决不全是人品卑劣的小人,而也不乏人品高雅的正人君子;而在受害者中,也决不全是怨天尤人者,也有忍辱负重者。这就是一个人的气度、气质所起的作用,足以反映一个人的人品修养所到达的境界高度。从人品的角度,为人确实应该直率、率真,而不应该虚伪、矫饰。但大器之人,他还懂得克制,虽境遇潦倒而依然通达乐观;只有器小易盈之人,遇一分挫折便流露出十分的苦恼,遇一分欢欣则流露出十分的得意。这样的"直率""率真",其实是一种真正的虚伪、矫饰,正像愤世嫉俗之人恰恰是最为世俗之人,与超越之道是南辕北辙的。

据清盛大士《溪山卧游录》:"米之颠,倪之迂,黄之痴,此画家之真性情也。凡人多熟一分世故即多生一分机智,多一分机智即少却一分高雅。故颠而迂且痴者,其性情与画最近。"这里所说的"颠""迂""痴",绝不是一种病态的态度,而是一种对世俗的超脱态度,以无所谓的、不了了之的态度对待世俗的干扰。可是,在近世的研究中,有人却把它们与西方现代艺术的一些偏激观点联系到了一起,认为"天才的艺术家与疯子只有一步之遥"。这一观点,对于画家人品的修养,危害性是非常之大的。我们知道,所谓"天才的艺术家"也就是艺术的大师,而作为大师,无论他是属于哪一个领域的，必须具备两个基本的条件，第一，对社会，他应该具有伟大的责任心；第二，对自己，他应该具有坚强的心理承受能力。《论语》所说："士不可以不弘毅，任重而道远"，"克己复礼。"《孟子》所说："天将降大任于斯人也，必先苦其心志，劳其筋骨，饿其体肤，空乏其身，然后动心忍性，增益其所不能。"所强调的正是这两个基本条件。准此，无论他遇到怎样的艰难困苦，他都能百折不挠，不堕青云之志。可是，疯子就不一样了，他既是缺乏社会责任心的极端的自我中心论者，同时又是极端的心理脆弱者。试想，这样的人，怎么能承当"天才""大师"的"大任"呢？所以，潘天寿曾经明确地指出，

> 有至大、至刚、至中、至正之气，蕴蓄于胸中，为学必尽其极，为事必得其全，旁及艺事，不求工而自能登峰造极矣。[1]

中国画对于人品和画品的要求，无论文人还是画工，也无论出世还是入世，其要义不外乎此。

诗、书、印与画

在中国画家的修养中，被置于首位的人品与画品的关系，对于绘画的影响是间接的，它在画中的反映也是无形的，看不到的。但一幅画的格调如何，气局如何，委实与人品有着密切的关联。这便属于"道"的方面。

---

[1]　潘天寿《听天阁画谈随笔》第 21 页，上海人民美术出版社 1981 年版。

中国画修养的另一方面,是诗、书、印与画的关系,对于绘画的影响是直接的,它们在画中的反映也是有形的,看得到的。如一幅画的意境如何,构思如何,笔法如何,章法如何,便与诗、书、印有着一定的关联。这便倾向于"艺"的一面,但还不算是"艺"本身。

在这里,之所以说诗、书、印与画有"一定的关联",是因为这种关联并不是像人品与画品的关系那样是必然的,而是伴随着绘画史的发展,尤其是文人画的发展而逐步地提出来的。

诗与文均属于"文学"的范畴,因此,讲诗与画的关联,实际上也就是讲文学与绘画的关联。

中国上古的文学,与绘画一样,大多也是作为礼教的宣传工具,但在宣传的方式上,因媒质的不同而各有不同的特点。对于那些抽象的哲理或伦理道德观念,可以用文字描述出来,却无法用笔墨描绘出来;对于那些配合伦理宣传的形象说教,用文字可以描述出它的连贯情节却无法具体展现出它的可视形象,而用笔墨的描绘,恰恰可以弥补文学的这一缺陷。所以,张彦远《历代名画记》卷一《叙画之源流》认为:"记传所以叙其事,不能载其容,赋颂有以咏其美,不能具其象,图画之制,所以兼之也。"并引陆机语云:"丹青之兴,比雅颂之述作,美大业之馨香。宣物莫大于言,存形莫善于画。"这就把上古绘画与文学的关系,讲得非常清楚了。而论绘画与文学的区别,则有些类似于今天所说的绘画是空间艺术,文学是时间艺术;绘画是造型艺术,文学是语言艺术;绘画是视觉艺术,文学是想象艺术,等等。

绘画与文学的这种异同关系,试比较顾恺之的《女史箴图》卷和张华的《女史箴》文,可以得到具体的说明。晋初惠帝时,贾后专权,荒淫放纵,务为奸谋,完全不合礼教所规定的母仪女德,上行下效,一时风气大坏。于是,张华便写了《女史箴》一文以为鉴戒,当时人认为"苦口陈箴,庄言警世",足以作为妇女的道德规范。顾恺之则据图为文,逐段加以描绘,以图文并茂的形式来推广女德的教化。箴文全文 334 字如下:

茫茫造化,两仪始分。散气流形,既陶既甄。在帝庖牺,肇经天人。爰始夫妇,以及君臣。家道以正,而王猷有伦。妇德尚柔,含章贞吉。婉嫟淑慎,正位居室。施衿结缡,虔恭中馈。肃慎尔仪,式瞻清懿。樊姬感庄,不食鲜禽。卫女矫桓,耳忘和音。志厉义高,而二主易心。玄熊攀槛,冯媛趋进。夫岂无畏,知死不吝。班女有辞,割欢同辇。夫岂无怀,防微虑远。道罔隆而不杀,物无盛而不衰。日中则昃,月满则微。崇犹尘积,替若骇机。人咸知饰其容,莫知饰其性。性之不饰,或愆礼正。斧之藻之,克念作圣。出其言善,千里应之。苟违斯义,同衾以疑。夫言如微,荣辱由兹。勿谓玄漠,灵鉴无象。勿谓幽昧,神听无响。无矜尔荣,天道恶盈。无恃尔贵,隆隆者坠。鉴于小星,戒彼攸遂。比心螽斯,则繁尔类。欢不可以渎,宠不可以专。专实生慢,爱极则迁。致盈必损,理固有然。美者自美,翻以为尤。冶容求好,君子所仇。结恩而绝,实此之由。故曰翼翼矜矜,福所以兴。静恭自思,荣显所期。女史司箴,敢告庶姬。

文中既有抽象的说教,也有形象的分析,更有历史故事的举证,可见作者也已充分地认识到伦理道德的推广不能单靠空洞、抽象的教条,而必须辅之以形象的教化,才能获得更加有效的推广。但是,毕竟由于它所使用的是语言材料,作为一种媒质,它只是一种代表概念的符号或外壳,本身并不能直接构成形象,必须通过读者的联想,在想象中呈现为形象。因此,它的形象也就不是视觉的、直观的,并不能真正地看到。换言之,也就是只能"叙其事""咏其美",而不能"载其容""具其象"。对于不识字的读者,则连想象的形象也无从谈起了。这样,其教化的范围和力量便难免受到一定的限制。

我们再来看顾恺之的《女史箴图》,现存计九段。第一段画汉文帝与冯媛挡熊故事,插题箴文已佚;第二段画汉成帝与班婕辞辇故事,插题"班婕有辞"至"防微虑远"四句;第三段画冈峦畜兽,一人张弩,插题"道冈隆而不杀"至"替若骇机"六句;第四段画二妇人梳饰,插题"人咸知饰其容"至"克念作圣"六句;第五段画床帏间男女相背,插题"出其言善"至"同衾以疑"四句;第六段画夫妇并坐,群婴罗前,插题"夫言如微"至"则繁尔类"十四句;第七段画女欲渎欢专宠,男则相拒他往,插题"欢不可以渎"至"实此之由"十二句;第八段画一妃端坐,插题"故曰翼翼矜矜"至"荣显所期"四句;第九段画女史执卷而书,插题"女史司箴,敢告庶姬"两句。全卷都是形象的描绘,甚至把抽象的箴文,也变成了可视的形象。这样,图文对照起来看,确实是把"叙其事"与"载其容""咏其美"与"具其象""所以兼之也"了;尤其在形象的塑造方面,明显高出箴文一筹,即使不识字的读者,通过直观的图画形象,也可以从中获得一定的教育。如"人咸知饰其容,莫知饰其性。性之不饰,或愆礼正。斧之藻之,克念作圣。"四句,意思是一般的妇女都知道修饰自己的容颜仪表,却不知道修饰自己的心灵品德。但如果一个人的心灵不美,那么,无论她的容貌修饰得多美,也是不符合妇女所应有的道德标准的。文字纯为抽象的说教,一点不涉及形象,显得十分空洞、教条。而顾恺之却把这四句抽象的箴文画成两位妇女,一位席地而坐,正在对镜涂脂抹粉,其沾沾自喜的神态通过镜面反映出来;另一位也席地而坐,面对镜子由侍女为她梳理高髻,也是一副矜持的样子。当然,毋庸否认,这样的画面处理,如果没有相应的插题箴文,对于抽象的道德,在理解上难免不发生歧义。由此可见,虽然"存形莫善于画",但论"宣物",确实还是"莫大于言"的。绘画可以弥补文学的不足,却不能全部替代文学的功能。

早期绘画与文学的这种异同关系,在西方美学史上也是一个脍炙人口的命题。如德国美学家莱辛(G. E. Lessing, 1729—1781)在他的名著《拉奥孔》中便具体而微地讨论了画与诗的界限问题,认为二者既有相通之处,又有不可沟通之点。这里所说的"不可沟通",不仅仅反映于文学的抽象性无法用绘画去加以形象的描绘,更反映于即使是文学的形象,也无法直截了当地演绎成绘画的形象。具体而论,绘画把"美"作为最高的"法律"而拒绝描绘"丑"的形象,而文学则即使描绘"丑"的形象也不至于给人以"丑"感;绘画形象以"空间"性为特点而无法表现连续的

"时间",文学形象"空间"性稍逊却能表现连续的"时间"等等。尤其是后一点,即"空间"与"时间"的问题,更被作为画与诗的经典性界限。莱辛这样说,当然有他的道理,因为西方的文学,叙事性特别强,而西方的绘画多为独幅创作,只能表现某一瞬的空间形象。

然而,中国的情况有所不同。一方面,中国的文学相对地不注重叙事的时间连续性,如《女史箴》中的故事,多为互不连续的不同时间的并列性形象;而中国的绘画,除独幅创作之外,更有一种连续的长卷形式,则即使对于连续时间的文学形象,也不妨加以有序的展开,从而成功地泯没了时间与空间、诗与画的界限。

这方面的典型,可以曹植的《洛神赋》和顾恺之的《洛神赋图》卷为例。传说汉魏时曹操的儿子曹植爱慕甄逸的女儿,后来被他的哥哥曹丕夺去,不久甄氏郁郁而死,在曹植的心灵上投下了一大阴影。有一次,曹植途经洛水,追想宋玉所说高唐神女的故事,夜梦甄氏已被封为洛水之神,前来约他相会,醒来后便写下叙事赋一篇,备述梦中所见的全部情节,名为《感甄赋》,后人改名为《洛神赋》,借以发抒自己的相思之苦。顾恺之的《洛神赋图》,便是根据《洛神赋》一文创作而成的。画面从曹植在洛水边见到洛神开始,画到与洛神相会,种种哀感幻艳,辗转思慕,最后到洛神飘然离去,"遗情想象,顾望怀愁",缠绵悱恻,若即若离,交织着如怨如慕、如梦如幻的欢乐与惆怅、向往和失落、憧憬和怀念。全卷构图相连,山水起伏,林木掩映,人物随着赋意的铺陈和情节的变换反复出现,将时间和空间打成一片,体现了传统绘画与文学关系的重要特点。

如上所述,主要是上古的礼教或叙事的诗画关系,其异同集中表现于抽象与形象,以及时间的或想象的形象与空间的或直观的形象之间的转换方面,不妨看作是传统诗画关系的初始阶段。

然而,进入魏晋南北朝以后,由于礼教的崩溃和人文的觉醒,中国的文化艺术精神也随之发生了异常深刻的变化。反映在文学方面,从陶潜、谢灵运到孟浩然、王维、韦应物的诗文,大都倾向于复归自然,独抒性灵,其中既没有伦理的说教,也没有情节的叙述,而是讲求"超以象外,得其寰中"的意境渲染,后世归之于"神韵"派。反映在绘画方面,则山水、花鸟画蔚然兴起,人物画逐渐衰颓,尤其是宋、元以后,更以山水、花鸟为大宗,而人物则每况愈下,一蹶不振,论其美学的倾向,同样是不重伦理的说教,不重情节的叙述,而是讲求"超以象外,得其寰中"的意境渲染,后世归之于"南宗"画。虽然,在中国文艺批评的传统里,"相当于南宗画风的诗不是诗中高品或正宗",但"相当于神韵派诗风的画却是画中高品或正宗。"①于是,诗与画的关系,也从此进入了一个全新的阶段,比之第一阶段,更具有了中国自己的特色而与西方的美学判然殊途了。

---

① 钱钟书《七缀集》《中国诗与中国画》,第 24 页,上海古籍出版社1985 年新 1 版。

这种新的诗画关系的建立,有两位诗人兼画家的贡献至为巨大。一位是唐代的王维,他是神韵派的代表诗人,又是南宗画的开山鼻祖。据他自己的叙说:"当世谬词客,前身应画师。"《宣和画谱》称其"思致高远,初未见于丹青,时时诗篇中已自有画意,由是知维之画,出于天性,不必以画拘,盖生而知之者",是说他的"诗中有画"。今天,王维的诗文广有流传,如"落花寂寂啼山鸟,杨柳青青渡水人""行到水穷处,坐看云起时""白云回望合,青霭入看无"等等,以其句法,一种宁静淡泊的画意分明如在眼前。他的画笔早已失传,但从文献记载称他所画山水平远"云峰石色,绝迹天机","笔墨宛丽,气韵清高",也绝不是一般的画工所能企及而深得诗人的思致。稍后的张祜曾有诗两首咏其画:

其一

精华在笔端,咫尺匠心难。

日月中堂见,江湖满座看。

夜凝岚气湿,秋浸壁光寒。

料得昔人意,平生诗思残。

其二

右丞今已殁,遗画世间稀。

咫尺江湖尽,寻常鸥鸟飞。

山光全在掌,云气欲生衣。

以此常为玩，平生沧海机。①

其画中的诗情溢于象外。这种诗中的画意或画中的诗情，通常便称之为"意境"，其特点是情景交融、虚实相生、形神兼备，虽然以客体的、有形的、真实的景物为依托，但所侧重点却不在此，而在主体的、无形的、虚灵的情思，由此而进入到超脱空灵的境界，即所谓"境生于象外"。

本来，"宣物莫大于言，存形莫善于画"，诗的长处在于描摹无形之物，画的长处在于塑造有形之物，因此，诗画虽然相通，但二者的界限不可泯没。现在，诗画并以意境为归，二者的关系自然更加亲密起来。苏轼认为：

> 余尝论画，以为人禽、宫室、器用皆有常形，至于山石、竹木、水波、烟云，虽无常形而有常理。常形之失，人皆知之，常理之不当，虽晓画者有不知。故凡可以欺世而取名者，必托于无常形者也。虽然，常形之失，止于所失而不能病其全，若常理之不当，则举废之矣。以其形之无常，是以其理不可不谨也。世之工人或能曲尽其形，而至于其理，非高人逸才不能辨。与可之于竹石枯木，真可谓得其理者矣。如是而生，如是而死，如是而挛拳瘠蹙，如是而条达遂茂，根茎节叶，牙角脉缕，千变万化，未始相袭，而各当其处，合于

---

① 唐·张祜《题王右丞山水障二首》,《全唐诗》卷五一〇，中华书局1960年版。

天造，厌于人意，盖达士之所寓也欤。①

笪重光则说：

> 林间阴影，无处萦心；山外清光，何从着笔？空本难图，实景清而空景现；神无可绘，真境逼而神境生。位置相戾，有画处多属赘疣；虚实相生，无画处皆成妙境。②

都是要求把"无形"作为绘画艺术的最高境界。这样的画，与诗的关系，尽管媒质还是不同，但在意境的表达方面却是殊途同归了。而论开创之功，当推王维。

这种新的诗画关系的建立，虽由王维所首创，但把它全面推广开去的，又需要归功于苏轼。因为，王维在这方面的贡献，主要仅止于他个人在诗和画两方面的实践，而并没有把他的心得传播开去。苏轼就不同了，他以王维为典型，写下了大量的诗文，大力张扬这种新的诗画关系，并把这种关系概括为"诗画一律"四字。在著名的《书鄢陵王主簿所画折枝二首》之一中，他写道：

> 论画以形似，见与儿童邻；赋诗必此诗，定非知诗人。

诗画本一律，天工与清新；边鸾雀写生，赵昌花传神。何如此两幅，疏澹含精匀；谁言一点红，解寄无边春。③

这首诗具有多方面的美学内涵，仅就诗画关系而论，他认

① 宋·苏轼《苏东坡集》前集卷三十一《净因院画记》，商务印书馆1958年重印本。
② 清·笪重光《画筌》，《历代论画名著汇编》本。
③ 宋·苏轼《苏东坡集》前集卷十六，商务印书馆1958年重印本。

为,画的要义不在形似的逼真与否,而在于形似之外的"天工与清新",因此,诗画虽然媒质不同,但本质却是一律的。王主簿所画的折枝,从有形的角度尽管只有"一点红",而从无形的角度却蕴涵了"无边春"色,这种画境其实也正是诗境。

他最为推崇王维,认为:"味摩诘之诗,诗中有画;观摩诘之画,画中有诗。"①又把王维与吴道子的绘画相比较,认为:"吴生虽妙绝,犹以画工论。摩诘得之于象外,有如仙翮谢笼樊。吾观二子皆神俊,又于维也敛衽无间言。"②所谓"得之于象外",正是指王维的画中有着诗的意境而言,而不是像一般的画工那样,仅仅只是在形似上用功夫。

他反复指出,"由来画师非俗士,摹写物象略与诗人同",高明的画师应该"离画工之度数,而得诗人之清丽"。一时之间,在他的同时和稍后,关于"诗是有声画,画是有形诗""诗是无形画,画是无声诗"的讨论极为热闹,至南宋孙绍远搜罗历代题画诗,编为《声画集》,画家杨公远则自编诗集名《野趣有声画》,吴龙翰作序云"画难画之景,以诗凑成,吟难吟之诗,以画补足"。这两部书的刊行,更标志着"诗画一律"说的确立不移,并从此被作为画品雅俗的一个分水岭。

"诗画一律"说的主要贡献,在于它为绘画的意境,树立了一个非视觉、非造型的目标,诗为心声,画为心画,这是二者可以

---

① 宋·苏轼《东坡题跋》下卷《书摩诘蓝田烟雨图》,乾隆又赏斋刊本。
② 宋·苏轼《东坡集》卷二《凤翔八观》,四部备要本。

"一律"的根本依据。所不同的只是"心"的传达所凭借的媒质，在诗为可诵可听却无形无色的文字，在画为可观可视却无声无音的形色。若求其表象，则诗仅止于可诵可听、画仅止于可观可视俱已满足；若求其内涵，则诗必由有声有音而得其如形如色之妙，画必由有形有色而得其如声如音之妙，方才称得上"超以象外，得其寰中"。这就使得诗，尤其是画的境界，借以提升到一个更高的人文精神的层次。

这种新的诗画关系的提倡，主要是伴随着文人画的兴起而兴起的。因为，文人本来就长于无形的诗，而拙于造型的画，因此，他们力倡以诗境为画境，以无形为造型，未尝不是出于扬长避短的动机。但由于涵有诗情的画品，确乎要比单纯以画为画的画品要来得高雅，来得耐人寻味，如苏轼所说："观士人画如阅天下马，取其意气所到。乃若画工，往往只取鞭策皮毛，槽枥刍秣，无一点俊发，看数尺许便倦。"①再加上文人士大夫作为人文表率的社会文化地位，因此，其影响也波及画工画之中。如宋神宗时的画院待诏直长郭熙，在《林泉高致》"画意"中便说："更如前人言，诗是无形画，画是有形诗，哲人多谈此言，吾人所师。余因暇日阅晋唐古今诗什，其中佳句，有道尽人腹中之事，有装出人目前之景。"并罗列古人清篇秀句若干，以为"有发于佳思而可画者"。这种"诗意画"，作为画工向诗靠拢的一个成果，与作为诗人向画靠拢的成果的"题画诗"，一者以有形诠释有声，一者以

① 宋·苏轼《东坡题跋》下卷《又跋汉杰画山》，乾隆又赏斋刊本。

无形诠释无声,正好相为辉映,对于新的诗画关系的建立,具有十分重要的意义。嗣后,宋徽宗时期的画院,每以古人诗句为题考试众工,要求画家不仅具备扎实的绘画功力,同时具备优雅的诗文修养。所出诗题如"踏花归来马蹄香",许多画家都画了一匹马正在花丛中漫步,显然不切诗意;而受到表扬的一幅作品,画面上不画一花一草,只是画了几只蝴蝶,围绕着马蹄上下飞舞追逐,从而生动而又含蓄地表现出"踏花归来马蹄香"的诗意。又如"深山藏古寺",许多画家都画成千山万壑、丛林掩映之中露出寺院的一角,成为诗的表面图解;而有一幅作品却不画寺院,只画一位和尚在山脚泉边担水,正准备拾级而上,生动地表现出山之"深"和寺之"藏"。如此等等,不一而足,可见一时的风气之所趋。

"诗画一律"的绘画意境,虽以主体的情与客体的景的交融为特色,但表现在画工的创作和文人的创作中,毕竟是有所不同的。画工的创作,相对地侧重于客体方面,而文人的创作,则相对地侧重于主体方面。前者可以两宋的院体山水、花鸟为典范,如豆花蜻蜓、红蓼水禽、群鱼戏藻、枯树鹡鸰、海棠蛱蝶、天末归帆、秋江暝泊、出水芙蓉、晴春戏蝶、果熟来禽、云关雪栈、长桥卧波、梅石溪凫、烟岫林居、竹涧焚香、梧竹池馆、云峰远眺、深堂琴趣、遥岑烟霭、湖山春晓、桐阴玩月、春波钓艇等等,它们大都是极为工致精细地描摹对象、场景,传达出抒情的氛围,尽管画家本人没有在画面上题写诗句,但画意与诗情如水乳交融,状难言之景列于目前,含不尽之意溢出画面。虽为画工的写实之作,但一点没有庸俗刻板的匠气,反有书卷气盎然,优雅清真,疏澹精匀,品格极高。试把这些作品与前面所提到的以古人诗句为题的考核活动联系起来,对它们的成就也就不难理解。归根到底,这是与两宋画工在诗文方面的修养分不开的。与此成为对照的是元、明、清三代的画工画,由于缺少诗文方面的修养,便显得刻板庸俗,根本谈不上优雅的意境,一览无遗的匠气,真是"无一点俊发,看数尺许便倦",甚至连一眼也看不下去。可见有诗文的修养还是没有诗文的修养,反映在绘画的创作中,高下、雅俗之分,是显而易见的。

就文人画的创作而论,对于情景交融的意境追求除侧重于主体方面之外,更表现在直接题诗于画面方面。文人画家多以绘画为诗文的"余事",所以又称"利家",相对于"行家"的职业画工,属于"外行"的意思。因此,他们对于客观物象的描摹能力,自然远逊于画工;同时,他们是多愁善感的阶层,对于主观情感的发泄需求,自然也重于对客观物象的描摹。这样,他们对于绘画的专长,只能局限于少数简单的题材,如山水、梅兰竹菊等等,并在这简单的客体景物中来寄寓自己丰富清雅、变态无穷的主体情感。如我们看到倪云林的山水,总是一层坡树,一片空白,一抹远山的三段式结构;而郑板桥的兰竹,也总是那样的几撇花叶,几枝干节而已。如果从看待两宋画工画的视角,侧重于客体的景物方面来寻绎它们的诗情画意,几乎可以说是幅幅雷同,无有差别;然而,当我们侧重于主体的情感方面来品藻,将画面上的物象与题诗结合起来看,便每一幅有每一幅的意境,诗情画

意,相得益彰,变态万千。如倪云林的《渔庄秋霁图》题诗说:

> 江城风雨歇,笔研晚生凉。
>
> 囊楮未埋没,悲歌何慨慷。
>
> 秋山翠冉冉,湖水玉汪汪。
>
> 珍重张高士,闲披对石床。

所表达的是画家悲凉慷慨的豪情归于平淡天真的心境。而《庐山林壑图》的题诗说:

> 陈蕃悬榻处,徐孺过门时。
>
> 甘冽言游井,荒凉虞仲祠。
>
> 看云聊弄翰,把酒更题诗。
>
> 此日交欢意,依依去后思。

所表达的是画家怀古思友的挚挚之情。又如郑板桥的《兰竹图》题诗说:

> 竹劲兰芳性自然,南山石块更逾坚。
>
> 祝君花甲应无算,加倍先过百廿年。

所表达的是画家对于朋友寿诞的祝祷之意。而《墨竹图》的题诗说:

> 衙斋卧听萧萧竹,疑是民间疾苦声。
>
> 些小吾曹州县吏,一枝一叶总关情。

所表达的是画家关心民间疾苦的忧患之情。如此等等,画面的物象大体相同,而因题诗的不同,意境也就迥然相异。郭熙《林泉高致》曾论山水画的观照之法,有"步步移""面面看"之说,"如此,是一山而兼数十百山之形状""一山而兼数十百山之意态"。这是站在画家的立场上,从客观写实的要求而言。同理,如果站在诗人的立场上,从主观抒情的要求而言,则同一形状,同一意态,因画家的情绪意兴不同,又何尝不可兼数十百之意境？由倪云林所开创的山水图式,郑板桥所开创的兰竹图式,后世学者甚夥,但大多仅止于表面的物象模拟,意境不能高旷深远。究其原因,除笔墨功力不到之外,缺少诗情的涵养正是根本的症结所在。

如果说,诗与画的关系是从相异而相通,那么,书与画的关系,则是从一开始就相通的。张彦远《历代名画记》卷一《叙画之源流》开宗明义,认为"书画同体"。因为书法文字的起源,可以归结为"六书":象形,如日、月等字,纯为图画性质的符号;指事,如上、下等字,在一横之上的为"上",在一横之下的为"下";会意,如牢、采等字,牛在圈内为"牢",用手摘取木叶为"采";形声,如河、梅等字,河的三点水为象形,可字为谐声;梅的木字旁为象形,每字为谐声;假借,如北、女等字,北本为二人相背的象形字,后借作东南西北的方位字,女本为女性的象形字,后借作对第二人称的"你";转注,如社、背等字,其特点是给多义字注上表示特定含义的偏旁,土字既表示土地,又表示后土神灵,加示字旁就成为神社的专用字,北字既表示二人相背,又表示南北方位,下面加肉字旁就成为人体背部的专用字。六书作为造字的基本法则,最重要的一条实际上正是象形,其他五条,无不与象形相关。而象形又是绘画的基本法则,所以说,上古之世,"书画异名而同体""同体而未分",又称"书画同源",意指二者的起源相同。但在嗣后的文明发展过程中,二者又由同源而分流,书越来越趋向于简单的符号,直到完全失去象形的特点;画则越来越趋向于精细的象形,甚至可以达到逼真如生。

但尽管如此,由于中国的书法和绘画,都是以毛笔为工具来挥写的,所以都讲求用笔的生动节奏。作为艺术的写字——书法,很早就已经不同于一般的写字,重要的不是你所写的是什么字,而是你写这个字时所反映出来的笔力如何?同一个字,由王羲之写或由其他书家来写,因笔法的不同,所达到的艺术境界是完全不同的。所以,在书法史上,对于用笔的问题早在汉代就已进行了自觉的探讨,如蔡邕著有《笔论》《九势》,到了晋代,更有卫恒的《四体书势》,索靖的《草书势》、卫铄的《笔阵图》等等,对书法的用笔问题,穷研极讨,积累了丰富的经验。

相比之下,绘画的发展在很长一段时期内所关注的是象形问题,包括形与神的关系问题。我们看上古的画论,几乎没有讨论用笔的,而都是着眼于象形来发表各家的观点,如《韩非子》以为鬼魅易画,犬马难画,是因为鬼魅的形象人不可见,而犬马的形象旦暮罄于前;《淮南子》论画以为"谨毛"者易"失貌",形具而"君形者亡";陆机认为"存形莫善于画"等等。直到东晋的顾恺之,依然在"以形写神"的问题上进行着不懈的努力。当然,这样说,并不意味着这一段时期内的绘画就不讲究用笔,我们看汉代的壁画,那种飞动的笔法与汉简的笔法若合符契;但是,不容否认,当时的绘画对于用笔的认识远不如书法来得自觉。到了南齐谢赫提出"六法"的理论,撇开不可学的"气韵生动"不论,在可

以学习而致的五法中,"骨法用笔"被摆到了第一位,而象形的
"应物象形"和"随类赋彩"则被移到了其后。这实际上意味着,
伴随着人的觉醒和文的自觉,作为艺术的绘画也开始不同于一
般的绘画,重要的不是你所画的是什么形象,而是你画这个形象
时所反映出来的笔力如何? 同一个形象,由顾恺之画或由其他
画家来画,因笔法的不同,所达到的艺术境界也是完全不同的。
所以,嗣后的绘画史,对于用笔的问题也日渐重视起来,并进行
了长时期的自觉探讨。而由于书法的用笔在这方面业已积累起
丰富的经验,把这一经验借鉴到绘画中来,自然也是顺理成章之
事了。所以,张彦远在《历代名画记》卷一《论画六法》中又指出:
"夫象物必在于形似,形似须全其骨气,骨气形似皆本于立意而
归乎用笔,故工画者多善书。"卷二《论顾陆张吴用笔》又说:

> 顾恺之之迹紧劲联绵,循环超忽,调格逸易,风趋电疾,
> 意存笔先,画尽意在,所以全神气也。昔张芝学崔瑗、杜度
> 草书之法,因而变之,以成今草书之体势,一笔而成,气脉通
> 连,隔行不断,唯王子敬明其深旨,故行首之字,往往继其前
> 行,世上谓之一笔书。其后陆探微亦作一笔画,连绵不断,
> 故知书画用笔同法,陆探微精利润媚,新奇妙绝,名高宋代,
> 时无等伦。张僧繇点曳斫拂,依卫夫人《笔阵图》,一点一
> 画,别是一巧,钩戟利剑森森然,又知书画用笔同矣。国朝
> 吴道玄,古今独步,前不见顾陆,后无来者,授笔法于张旭,
> 此又知书画用笔同矣。

书与画的关系,至此又进入到一个新的境界,二者的相通不

在于象形,而落实到了用笔上来。虽然,谢赫的"六法"也把"骨法用笔"放在很重要的地位,但他并没有说明这种笔法应该从何而来。尽管就画论画,也可以把用笔的功力提到很高的水平,但如果无视现成的书法艺术在这方面所业已积累起来的经验,未免事倍功半。张彦远的贡献,正在于他自觉地提出了从书法中借鉴笔法并用之于画法的理论,这就使得绘画的用笔技法有可能得到事半功倍的大幅度提高。从此之后,画家们对于书法的修养也就日趋自觉。尤其是伴随着文人画思潮的沛然涌起,对于不擅于造型的文人画家们来说,以诗境为画境,使得他们在绘画的意境方面高出职业画工一筹,以书法为画法,又使得他们在绘画的用笔方面高出职业画工一筹。

这样,到了元代的赵孟頫,进而提出"石如飞白木如籀,写竹还于八法通;若也有人能会此,方知书画本来同"的观点,不仅在理论上完善了张彦远的"书画用笔同"法说,更以其书画兼长的创作实践,为画苑树立了引书法入画法的典范。至此,"书画同源"成为画家们的共识,书法的修养如何,成为判别画格高低、画品雅俗的又一标志。

如果说,"诗画一律"说对于画家在诗文方面所提出的修养要求,所解决的是绘画,尤其是文人画的意境问题;那么,"书画同源"说对于画家在书法方面所提出的修养要求,所解决的是绘画,尤其是文人画的形式问题。它使得传统绘画的用笔,由刻画板实转向萧散松灵,从而,对于超以象外的意境传达,也就显得更加般配了。清笪重光《画筌》所谓:"点画清真,画法原通于书法;丰神超逸,绘心复合于文心。"把诗、书、画三者的关系,说得再也清楚不过。

当然,画法毕竟不完全等同于书法,因此,以书法为画法,反映在不同历史时期不同画家的不同创作中,情形是各不相同的。如五代、北宋的荆浩、关仝、董源、巨然、李成、范宽、郭熙、王诜等,约为七分画法,三分书法;元四家等,画法、书法参半;石涛、扬州八怪、吴昌硕等,约为三分画法、七分书法。有一种错误的观点认为:"画法全是书法。"这是相当片面的、极端的。因为"书画同源"的主要意义,在于用书法的笔法、笔意、笔势去滋养画法的用笔,使它从刻画板实中解脱出来,从而取得更为萧散松灵的生动节奏,而绝不是用书法去取代画法。事实上,讲用笔的技法之丰富多变,画法远远超过书法,尤其是幹、擦、渲、染、积、破、泼等技法,更是书法中所不具备的;绘画的造型、空间关系、质感、量感等等对于用笔所提出的要求,也绝不是书法的间架结构对于用笔所提出的要求可以相提并论的。因此,当着书法多于画法之时,一幅绘画作品便给人以不够结实的感觉;如果完全用书法来作画,无论笔力多么厚重,作为绘画,都是单薄不能入格的。历史上像清代的翁同龢、近现代的沈尹默、邓散木等,均在书法方面有很深的造诣,但对于画法却近于一窍不通,偶用书法写山水、兰竹,完全不入画品,道理正在于此。

这种新的书画关系,除表现在用笔方面之外,还表现在画面的题款方面。元代以后的文人画创作,作为诗画关系的一种反映,每喜欢在画面上直接题写诗文,使诗情画意相互映发,进一步开拓出超以象外的内涵意境。而诗文的题写,要求画家必须具备精湛的书艺,否则的话,画画得很好,诗也做得很好,书法却写得不好,题到画面上,不仅不能为画增色,反而破坏了画面,成为画蛇添足的败笔。传说明代的项子京书法很差,却又喜欢在画面上长篇大论地题写诗文,有些买家便格外付以稿酬,请他不要书题,称为"免题钱"。而如倪云林、八大山人、郑板桥等的书题,无不以其精湛的书法为画面画龙点睛。由于元代以后的绘画创作,长题成风,自然也就对于画家的书法修养提出了更高的要求。

相比于诗和书,印对于画的关系要稍稍疏远一些。所以,诗、书、画"三绝",自古所艳称,代不乏人;而诗、书、画、印"四全"之说,则是晚近才出现的,而且,主要局限于水墨大写意花鸟画一类的创作。

元代以前的绘画,对于用印大多不是十分讲究,只是作为凭证而已,即使不用印,也无妨大雅,作为"雕虫小技"的印与画的关系,完全是可有可无的。如倪云林的画品,是何等的高雅,却几乎完全不钤印。相传元末王冕创为花乳石自制印,使印与画的关系渐次亲密起来。但大多数画家如沈周、文徵明、唐寅、仇英乃至董其昌等,对用印还是不太讲究。至文彭、何震开创明清篆刻流派,文人治印成为风气,印与画的关系才正式确立起来。尤其是一些水墨大写意的花鸟画家,更自刻印章,由扬州八怪经嘉道间奚冈、黄易的金石派而至于近代的吴昌硕、齐白石、潘天寿等,印与画的关系得到空前的张扬。

这种关系具体表现在三个方面。

首先，除姓名章外还多用闲章，钤于画面之上，既与特定的画面形象相呼应，又隐寓了画家主观的心绪情操。如齐白石画桃子则钤"人长寿"印章，属于前一种情况；潘天寿作画多钤"疆其骨"印章，属于后一种情况。尤其是后一种情况，表现尤其突出，如郑板桥所用的闲章有"余力学文""俗吏""横扫""七品官耳""青藤门下牛马走"等；黄易所用的闲章有"不使孽钱""尊古斋""莲宗弟子""碑痴"等；吴昌硕所用的闲章有"道在瓦甓""得时者昌""一月安东令""勇于不敢""美意延年""人书俱老"等。这样，当我们欣赏他们的作品时，从闲章的文辞可以得知画家的禀行，进而结合画面的形象，无疑有助于加深对作品意境的认识。

其次，印章在画面上的钤用有助于布局的经营，具体又可分为两个方面。在色彩方面，由于这类作品多为水墨大写意，鲜红的印章钤盖在画面上，与水墨的形象恰成鲜明的对照，足以点醒整个画局的精神；在位置方面，由于这类作品多讲求疏密的组织，或大疏，或大密，就画面形象本身而论，往往有一种不平稳的欹险的效果，在适当的位置钤盖一方或几方或大或小的印章，足以起到四两拨千斤的秤锤之功，平衡整个画局。

第三，篆刻的刀石趣味，通于碑学书法，移之于画法，在用笔上有一种艰涩、拙重、浑朴的效果，即通常所说的"金石味"，在绘画的形式感方面，又开拓出一个新的境界，比之一般的引书法入画法，对于不假修饰的简单题材的描写也就更加耐人寻味。

所以，乾嘉以后，凡是水墨大写意花鸟画派的画家，大多在篆刻方面具有深湛的修养。尤其是吴昌硕、齐白石的篆刻成就更为杰出，对于他们的绘画成就起到了很大的促进作用。

当然，这样说并不意味着水墨大写意花鸟画派之外的画家在篆刻方面就不需要修养。事实上，像吴湖帆、赵叔孺、谢稚柳等正统派的画家，对于印章在绘画中的运用也是非常讲究的，与清代之前的正统派画家已不可同日而语。他们中有的自制印章，有的则请他人奏刀，印风多倾向于婉丽工整的一路，对于印与画的关系则注重于闲章寓志和平衡画局两方面。

气韵生动

人品的修养或诗、书、印的修养对于绘画的品格、意境、笔法、布局的关系，有些是直接的，有些是间接的；有些是在画面上可以看得到的，有些则是看不到但可以感觉得到的。而所有这一切，又归结为"气韵生动"四字。

作为传统中国画"六法"的第一法，气韵生动是生而知之的，是不可学的；但又有可学处，这便需要在绘画技法之外的修养上用功夫，也就是所谓"画外求画""功夫在画外"。有了天生的禀赋，再加上足够的画外修养，气韵便不知然而然地不得不高，生动也不知然而然地不得不至。

但是，所谓"气韵"并不是一个一成不变的概念，它在绘画史的不同时期各有不同的内涵和外涵，因此，对于画家的画外修养也各有不同的要求和标准。

撇开汉代之前的上古绘画不论,晋唐的绘画以人物为主流,所谓"气韵"实际上也就是指所描绘的人物对象的精神而言。顾恺之所说的"传神写照""以形写神",与谢赫所说的"气韵生动",应是同一意思的不同说法。当你描绘某一位人物,能够把对象的神气传写出来了,这幅作品便达到了"气韵生动"。但如何才能把对象的神气传写出来呢?根据顾恺之的说法,首先是要真实地描绘出他的形象,尤其是自颈以上的面部描绘,长短、刚软、深浅、广狭与点睛之节,上下、大小、浓薄,有一毫小失,则神气与之俱变。这便是"以形写神",属于造型技法的范畴。其次也是更重要的便是"迁想妙得",也就是用自己的思想去感应对象的精神。这便属于修养的范畴。因为对象的形是看得到的,可以用技法去描摹它,技法越是高超,形象的描摹就越是逼真。而对象的神却是看不到的,无形的,所以就无法用技法去把它描摹出来,而只能通过自己的修养去感悟它,所以又叫"悟对通神"。如顾恺之曾为谢幼舆画像,把他安置在岩壑之间,人问所以,他说:"幼舆自己表示过,一丘一壑,自谓过之。所以,把他置在岩壑之间,正可以烘托他的精神所在。"又为裴叔则画像,颊上添三毛,人问其故,他说:"叔则隽朗有识具,此正是他的识具。"看画者寻之,如有神明,远胜未添时。之所以如此,归根到底,正是因为顾恺之本人在这方面达到了相应的修养,他博学而有才气,素性率真、通脱,正与谢、裴声气相通。

据张彦远《历代名画记》,认为"自古善画者,莫匪衣冠贵胄,逸士高人,振妙一时,传芳千祀,非闾阎鄙贱之所能为也。"主要是因为唐之前的绘画所描写的人物，多为帝王将相、高人逸士、道释仙佛，只有"衣冠贵胄，逸士高人"才具有相应的人品修养，可以感应他们的精神气韵；而"闾阎鄙贱"，无论画艺多高，至多只能得其形似而无法传其气韵的缘故。

五代、两宋以后，人物画开始渐次衰颓，山水、花鸟画则蔚然勃兴，于是，所谓的"气韵"也就转而指所描绘的山水、花鸟对象的精神而言了。本来，在晋唐时期，山水、花鸟被认为是没有精神之可言，自然也就没有气韵之可传的。如顾恺之《论画》所说："凡画，人最难，次山水，次狗马，台榭一定器耳，难成而易好，不待迁想妙得也。"①很显然，他认为山水、狗马、台榭等物象都是没有精神的，至少是无法用人的思想去与之相感应的。然而，宋人的态度就不一样了。如郭熙论山水，以为山水是一个"活物"，它有"血脉"，有"毛发"，有"神采"，所以，画家"以林泉之心临之则价高，以骄侈之目临之则价低"，如"春山艳冶而如笑，夏山苍翠而如滴，秋山明净而如妆，冬山惨淡而如睡"，皆与人的情感相脉拍，则形诸笔墨，"春山烟云连绵人欣欣，夏山嘉木繁阴人坦坦，秋山明净摇落人萧萧，冬山昏霾翳塞人寂寂"，自然"看此画令人生此意"，"看此画而令人起此心"。② 这种观点，实际上是遥接了魏晋南北朝时期一种并不居主导地位的"气韵生动"观，如刘宋的宗炳《画山水序》所提出的"澄怀观道""应会感神"，王

---

① 转引自唐·张彦远《历代名画记》卷五，《画史丛书》本。
② 宋·郭熙《林泉高致》"山水训"，《历代论画名著汇编》本。

微《叙画》所提出的山水画"非以案城域,辨方州,标镇阜,划浸流"而是"本乎形者融,灵而变动者心","望秋云,神飞扬,临春风,思浩荡"等等。宗、王之画,在当时评价不高,如谢赫《古画品录》仅列为第六、第四品,评宗为"迄无适善""迹非准的",评王为"为劣",正可与顾恺之重人物、轻山水的态度相为印证。因此,尽管他们在这方面提出了颇有建树的创见,但以当时的画学思想,确实是"难可与论"的,更遑论"传其意旨"了。① 然而,到了五代、两宋,绝大多数文人士大夫都在山水之间发现了自己的情操寄托,猿声鸟啼,依约在耳,山光水色,滉漾夺目,无不快人意而获我心。于是,为山水传神,融物我于一,也就成了摆在画家面前的一个新的课题,极大地拓展了"气韵生动"的艺术天地。

至于花鸟题材,作为从山水题材中加以特别"放大"的一部分,它之可以有精神,并可以与人的思想发生感应、共鸣,当然也是十分自然而然之事。如"黄家富贵,徐熙野逸","不惟各言其志,盖亦耳目所习,得之于手而应之于心也"。② 所谓"花之于牡丹芍药,禽之于鸾凤孔翠,必使之富贵;而松竹梅菊,鸥鹭雁鹜,必见之幽闲;至于鹤之轩昂,鹰隼之击搏,杨柳梧桐之扶疏风流,乔松古柏之岁寒磊落,展张于图绘,有以兴起人之意者,率能夺造化而移精神,遐想若登临览物之有得也",是"虽不预乎人事",

① 唐·张彦远《历代名画记》卷六,《画史丛书》本。

② 宋·郭若虚《图画见闻志》卷一《论黄徐异体》,《画史丛书》本。

"岂无补于世哉"。① 尤其是枯木、竹石、梅兰、水仙、荷花等清韵标格的题材,更与文人士大夫的精神若合符契。所以,或观众目而协和气,或写盘郁而遣心病,为花鸟传神,融物我为一,同样成了摆在画家面前的一个新的课题,极大地拓展了"气韵生动"的艺术天地。

南宋的邓椿在《画继》卷九《杂说·论远》中论"画者,文之极也"时说道:"画之为用大矣,盈天地之间者万物,悉皆含毫运思,曲尽其态,而所以能曲尽者,止一法耳。一者何也?曰传神而已矣。世徒知人之有神,而不知物之有神。此若虚深鄙众工,谓虽曰画而非画者,盖止能传其形,不能传其神也。故画法以气韵生动为第一,而若虚独归于轩冕岩穴,有以哉!"

这段话有几点值得注意,第一,他明确表示,"气韵生动"就是为物"传神","神"虽寓于"形"中,但仅止于"传形"却不一定就能"传神"。这与顾恺之的"以形写神""迁想妙得"和《淮南子》的"君形"观点是相一致的。第二,他明确表示,不仅人物有"神","盈天地之间者万物"无不有"神",并无不可以用人的思想去与之感应。这就明显突破了顾恺之"传神"观的局限,尤其对于山水、花鸟画的蓬勃发展,起到了积极的推动作用。第三,他认为能使自己的思想与山水、花鸟的精神达到"迁想妙得"而尽"传神"也即"气韵生动"之妙的,不是"众工",而是郭若虚所说的"轩冕岩穴"。郭若虚的原文是这样的:"窃观自古奇迹,多是轩冕才

---

① 宋·《宣和画谱》卷十五《花鸟叙论》,《画史丛书》本。

贤,岩穴上士,依仁游艺,探赜钩深,高雅之情,一寄于画。人品既已高矣,气韵不得不高,气韵既已高矣,生动不得不至。所谓神之又神,而能精焉。凡画必周气韵,方号世珍,不尔虽竭巧思,止同众工之事,虽曰画而非画。"①郭若虚的这段话,与张彦远在《历代名画记》中《论画六法》时所说"自古善画者,莫匪衣冠贵胄,逸士高人,振妙一时,传芳千祀,非闾阎鄙贱之所能为也"十分相近,但实质上已经起了重大的变化。张彦远对于画家的褒贬,主要是着眼于画家的社会地位而论,其次才是学识的修养。而宋人对于画家的修养要求,已经不在于他的社会地位,而完全在于他的学识,尤其是诗文学识的雅俗。所以,"衣冠贵胄,逸士高人"被偷换成了"轩冕才贤,岩穴上士"。唐代的阎立本,位居宰相,地位不可谓不高,但宋人却斥为"幼事丹青而人物塌茸,才术不鸣于时……是虽能摹写穷尽,亦无佳处",②与"闾阎鄙贱"者同流。相反,学识博洽的郑虔、王维,在张彦远《历代名画记》中评价并不是很高,到了宋代,却受到文人士大夫的一致推崇,道理正在于此。

据《宣和画谱》卷一《道释叙论》:"画道释像与夫儒冠之风仪,使人瞻之仰之,其有造形而悟者,岂曰小补之哉!"所以,对于画家的修养来说,自非侧重于人品以成其"大",不可能与所画的人物对象之神达到"迁想妙得"的感应并把它生动地传写出来。

---

① 宋·郭若虚《图画见闻志》卷一《论气韵非师》,《画史丛书》本。
② 宋·郑俱《北山文集》卷五《画说》,四部丛刊三编本。

又据同书卷十《山水叙论》："盖昔人以泉石膏肓,烟霞痼疾,为幽人隐士之诮,是则山水之于画,市之于康衢,世目未必售也。"卷十五《花鸟叙论》："故诗人六义,多识于鸟兽草木之名。"卷二十《墨竹叙论》："故有以淡墨挥扫,整整斜斜,不专于形似,而独得于象外者,往往不出于画史,而多出于词人墨卿之所作。盖胸中所得,固已吞云梦之八九,而文章翰墨,形容所不逮。"这样,仅仅侧重于人品的修养而成其"大"就不能被满足了,而更需要侧重于诗文的修养而成其"雅",才可能与所画的山水、花鸟对象之神达到"迁想妙得"的感应并生动地把它传写出来。

所以,我们看张彦远《历代名画记》对画家的评价,十分看重于他的社会地位;而宋人对画家的评价,则更加看重于他的诗文修养。归根到底,这正是因为对于"气韵生动"的要求不同,所以,对于画家修养的要求也就不同。

但是,无论晋唐画的"气韵生动"侧重于为所画的人物对象"传神",还是宋画的"气韵生动"侧重于为所画的山水、花鸟对象"传神",作为情景交融的意境,毕竟都是侧重于所画物象的客体方面的。然而,进入元代以后,客体的"气韵生动"却让位于主体的"气韵生动","传神"论也让位于"写意"论。吴镇所说的"墨戏之作,盖士大夫词翰之余,适一时之兴趣,与夫评画者流,大有寥廓",倪瓒所说的"仆之所谓画者,不过逸笔草草,不求形似,聊以自娱耳""余之竹聊以写胸中逸气耳"等观点,集中地反映了元画以主体的情感凌驾于客体的形神之上的美学倾向。这种倾向，虽然早在宋代苏轼的枯木竹石图创作中已经初露端倪，所谓"枝干虬屈无端倪，石皴亦奇怪，如其胸中盘郁"。但是，由于当时的画坛，毕竟以客体的描形传神为"气韵生动"的最高境界，而苏轼的创作，又过于"外行"生疏，难以归入正规的画品，所以其立意虽高，但影响并不普遍。元人则完全不同，由于异族的统治，一种郁勃之气弥漫于整个士大夫阶层，对于主体意兴心绪的发泄更成为文人画家们的普遍追求。

我们知道，宋画是"画写物外形，要物形不改"，[①]"物外形"也就是"君形者"，也就是"神"，它与晋唐画的"以形写神"都是侧重于所画物象的客体的"气韵生动"，只是由人物进而扩展到"盈天地之间者万物"，尤其是山水、花鸟而已。而元画则"不求形似"，对于客体来说，形与神的关系正如皮与毛的关系，所谓"皮之不存，毛将焉附"，这样，它对于"气韵生动"的表现便由客体转而落实到了画家主体的意兴心绪即所谓"胸中逸气"上来。这一转换，在山水画中尤其可以看得清楚。

宋人的山水，在具体的描绘中注重于对象客观真实性的刻画，东南西北、春夏秋冬、阴晴朝暮，各有不同的地理、季节、气候的特点，如董源写江南风光，李成写齐鲁风光，范宽写关中风光，刘李马夏写钱塘风光，无不恪守严格写实的原则。而元人的山水，在具体的描绘中大都表现出一种超地理学的倾向，而更注重于以笔墨的简率蕴藉来发抒一种淡泊宁静的精神阴影。从写实

---

① 宋·晁说之《景迂生集》，《中国画论类编》本。

的角度,山水景观只是一种约略的印象;而从写意的角度,高蹈的隐逸点缀,使得主体的意兴被渲染得极其"气韵生动"。所以,后人评"元人幽亭秀木,自在化工之外一种灵气,唯其品若天际冥鸿,故出笔便如哀弦急管,声情并集,非大地欢乐场中可得而拟议者也"。①

这样,对于画家的修养来说,光有诗文的"雅"又不能被满足了,同时还要求画家人品的"高"或"逸",也即超尘脱俗的气节和操守。如吴镇、倪瓒的人品皆清如水碧,洁如霜露,轻贱世俗,独立高步,所谓天际真人,非鹿鹿尘埃泥滓中人所可与言,所以,他们的画品也笔笔有天际真人想;而赵孟頫、王蒙稍稍热衷名利,便不免遭到当时、后世人的一些非议。如清代张庚所评析:

> 试即有元诸家论之:大痴为人坦易而洒落,故其画平淡而冲濡,在诸家最醇;梅花道人孤高而清介,故其画危耸而英俊;倪云林则一味绝俗,故其画萧远峭逸,刊尽雕华;若王叔明未免贪荣附热,故其画近于躁;赵文敏大节不惜,故书画皆妩媚而带俗气;若徐幼文之廉洁雅尚,陆天游、方方壶之超然物外,宜其超脱绝尘,不囿于畦畛也。《记》云:"德成而上,艺成而下。"其是之谓乎?②

在这里,元代画家的修养虽然也以人品即"德成而上"为贵,

---

① 清·恽寿平《南田论画》,《历代论画名著汇编》本。
② 清·张庚《图画精意识》,《中国绘画理论》本。

但不同于晋唐的是,它不以"大"即社会地位的尊贵为尚,而恰恰相反,是以超越于社会地位的"高"或"逸"为尚。无疑,这样的修养要求,与侧重于"写意"而不是"传神"的"气韵生动"是正相合拍的。

明清的绘画,由客体的、主体的"气韵生动"一变而为本体的"气韵生动"。而从本体的角度,中国画的要义又在"笔墨"二字,如董其昌《画禅室随笔》所说:"以境之奇怪论,则画不如山水,以笔墨之精妙论,则山水决不如画。"所以,秉承董其昌画派的唐岱明确表示:

> 气韵由笔墨而生。或取圆浑而雄壮者,或取顺快而流畅者,用笔不痴不弱,是得笔之气也。用墨要浓淡相宜,干湿得当,不滞不枯,使石上苍润之气欲吐,是得墨之气也。不知此法,淡雅则枯涩,老健则重浊,细巧则怯弱矣。此皆不得气韵之病也。气韵与格法相合,格法熟则气韵全。[①]

意思十分清楚,他把"气韵"的"生动"与否,完全归之于笔墨格法的娴熟与否。类似的观点,在明清之际屡见不鲜,如明唐志契《绘事微言》论"气韵生动",有云"笔气、墨气、色气""气势、气度、气机""动而不板,活泼迎人";清蒋骥《传神秘要》以为"笔底深秀,自然有气韵";张庚《浦山论画》以为"气韵有发于墨者,有发于笔者,有发于意者,有发于无意者";方薰《山静居画论》则以为"气韵有笔墨间两种",如此等等,不一而足。尤其是董其昌、

---

① 清·唐岱《绘事发微》,《历代论画名著汇编》本。

四王一路的正统派山水画家，他们的画论、画跋，几乎专注于笔墨二字大做文章：如何经营、如何结构、如何用笔、如何落墨、如何设色、如何浑厚、如何苍秀……气韵生动与笔墨格法的关系之密切，前所未见。

虽然，在宋、元的绘画中，对于笔墨格法也取得了卓著的成就。如荆浩《笔法记》中，已将笔、墨作为"六要"中的两大形式要素提出来加以重点讨论，并以"有笔有墨"高自标举，不将吴道子、项容置诸眼角。但是，这种笔墨还不能算是一种纯粹的形式美，它毕竟是服务于特定的"内容"并为"内容"所决定的。简而言之，宋人的笔墨在本质上，主要是一种刻画客观物象的"造型语言"，而并不具备独立的审美意义。如董巨的落茄点、披麻皴，系出于表现江南峰峦出没、云雾显晦、草木葱茏之景的需要而创造出来的；李成的云头皴、淡墨如轻烟梦雾中，系出于表现齐鲁平原气象萧疏、烟林清旷之景的需要而创造出来的；范宽的雨点皴即豆瓣皴，系出于表现峰峦浑厚、势状雄强的关陕风光的需要而创造出来的；刘李马夏水墨苍劲的大斧劈皴，系出于表现钱塘边角之景山石近观质感的需要而创造出来的，等等。至于元人的笔墨，在本质上是一种传达主观意兴的"写意语言"，虽然在审美关系中取得了某种相对独立的价值，但依然不具备绝对独立的纯粹性，而必须服从并服务于意兴传达的需要，即所谓以"逸笔草草"，"写胸中逸气"。

然而，明清画家，尤其是正统派山水画家，却把笔墨看作是一种纯粹独立的"形式语言"加以孜孜不倦的追求。这种"形式"

并不服从或服务于任何其他"内容",也不是由任何其他"内容"所决定的。它服务并服从于自身,决定于自身。换言之,它已经取代了宋、元画以客体的物或主体的心为对象的"内容",而以本体的格法使"形式"翻转成了"内容"。这样,侧重于客体的或主体的"气韵生动",也就转向了侧重于本体的"气韵生动"。

由于这一转捩,对于画家笔墨功力的修养,自然也就提出了更高的要求。但是,如前所说,宋人的笔墨是来自于物境的,元人的笔墨是来自于心境的,因而各有不同侧重的修养目标;那么,明清人的笔墨又来自何处呢? 一言以蔽之,便是来自于前人优秀的笔墨传统。我们看董其昌、四王一路"正统派"山水画家的画论,无不对传统条分缕析,看他们的创作,大多在画面上题写有"摹""仿""拟""法"某家某派笔法的字样,究其原因,并不是泥古不化的"复古"保守,而正是试图借助于传统的修养来创造出一种本体的"气韵生动"意境。如王原祁所论:

> 作画于搦管时,须要安闲恬适,扫尽俗肠,默对素幅,凝神静气,看高下,审左右,幅内幅外,来路去路,胸有成竹,然后濡毫吮墨。先定气势,次分间架,次布疏密,次别浓淡,转换敲击,东西呼应,自然水到渠成,天然凑泊,其为淋漓尽致无疑矣![1]

在这里,笔墨达到了"淋漓尽致",也就是整幅作品的意境达到了"气韵生动"。

---

[1]　清·王原祁《雨窗漫笔》,《历代论画名著汇编》本。

准此，"气韵生动"的表现由客体的"神"到主体的"意"进而到本体的笔墨，画家的修养也由人品而诗文进而到传统，其中包括书法，以及嗣后的金石篆刻，形而上的道越来越落实到了形而下的技法层面。

图

版

新石器时代仰韶彩陶

战国　人物龙凤图帛画

西汉　马王堆帛画

东晋　顾恺之　《女史箴图》唐摹本（局部）

北魏　敦煌　萨埵那太子舍生饲虎

唐　阎立本　步辇图（局部）

唐　吴道子　送子天王图（局部）

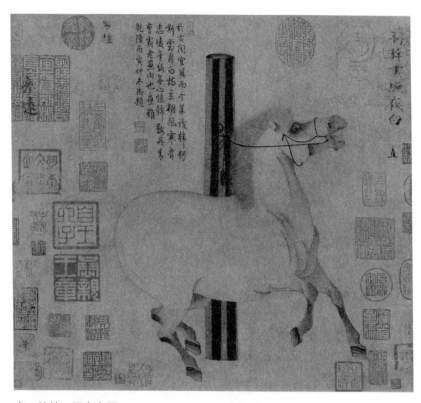

唐　韩幹　照夜白图

唐　韩滉　五牛图（局部）

唐　孙位　高逸图（局部）

隋　展子虔　游春图

唐　李思训　江帆楼阁图

唐　李昭道　明皇幸蜀图

西蜀　石恪　二祖调心图

唐　张萱　虢国夫人游春图

唐　周昉　簪花仕女图

西蜀　贯休　十六罗汉图之一

南唐　周文矩　重屏会棋图

北宋　武宗元　朝元仙仗图（局部）

南唐　顾闳中　韩熙载夜宴图

北宋　李公麟　五马图（局部）

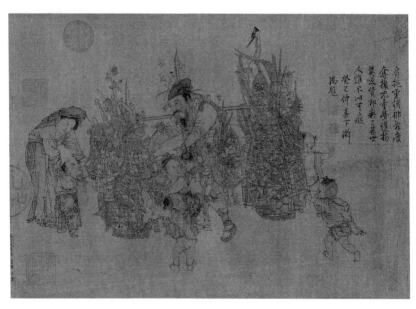

南宋　李嵩　货郎图（局部）

地行不识名和尚
大叫一声蛤大叫
高阳酒徒一
先生前去
仙宴罢
淋漓襟
袖尚模
糊

南宋　梁楷　泼墨仙人图

北宋　张择端　清明上河图（局部）

南宋　法常　观音图

五代　荆浩　匡庐图

南唐　董源　潇湘图

南唐　巨然　层崖丛树图

北宋　李成　读碑窠石图

北宋　范宽　溪山行旅图

北宋　郭熙　早春图

北宋　黄居寀　山鹧棘雀图

北宋　王诜　渔村小雪图

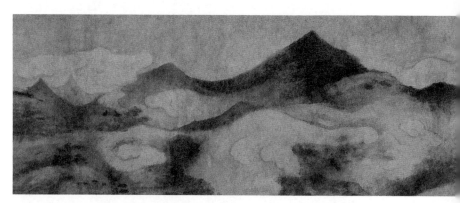

南宋　米友仁　潇湘奇观图（局部）

北宋　王希孟　千里江山图（局部）

江山千里望
無限元氣淋
滿連以神北
宋院誠鮮二
書三塵洗從
弟多然可聲
書世王和趙
已行一堂君
子便易不自
思作人者宋
時得鼎作何
人

丙午新正月
湘碧

北宋　赵伯驹　江山秋色图

北宋　赵伯骕　万松金阙图

宿雨清畿甸
朝陽麗帝城
豐年人樂業
壟上踏歌行

南宋　马远　踏歌图

南宋　李唐　万壑松风图

南宋　夏圭　溪山清远图（局部）

北宋　崔白　寒雀图

寒雀爭空
枝如椡目初
好没有鹫
未改搖儯
芒放饿

西蜀　黄筌　写生珍禽图

秋劲拒霜盛
羲冠锦羽鸡
已知全五德
安逸胜凫鹥

宣和殿御製并書
一下

北宋　赵佶　芙蓉锦鸡图

北宋　文同　墨竹图

北宋　苏轼　枯木怪石图

元　钱选　扶醉图

元　何澄　归庄图（局部）

元　王振鹏　伯牙鼓琴图

元　赵孟頫　红衣罗汉图

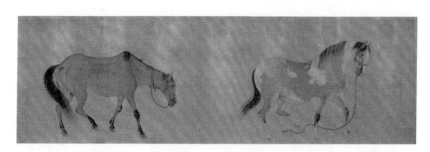

元　任仁发　二马图

元　龚开　骏骨图

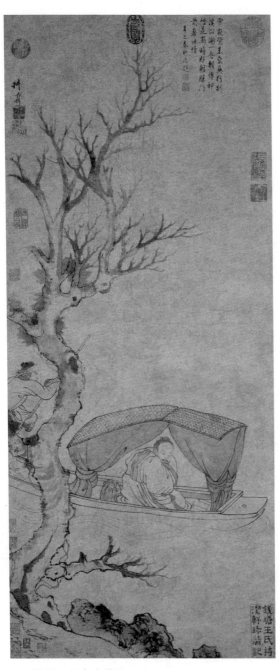

元　张渥　雪夜访戴图

元　黄公望　剩山图

元　赵孟頫　秀石疏林图

元　王蒙　青卞隐居图

元　李衎　竹石图

楊竹西高士像 嚴陵王繹寫
尚吳倪瓚補作松石 癸卯二月

元 赵孟頫 重江叠嶂图

元　王绎、倪瓒　杨竹西小像

明　夏昶　戛玉秋声图

明　边景昭　竹鹤图

明　孙隆　花鸟草虫图册之荷叶小鸟

明　商喜　关羽擒将图

明　戴进　春酣图

明　沈周　庐山高图

明　文徵明　万壑争流图　　　　明　仇英　桃源仙境图

秋来纨扇合收藏　何事佳人重感伤　请托炎情　详细看　大都谁不逐炎凉　晋昌唐寅

明　唐寅　秋风纨扇

明 文伯仁 四万山水图之万山飞雪

明　陈淳　着色花卉图

明　钱穀　竹亭对棋图

明　徐渭　杂花图（局部）

明　丁云鹏　释迦牟尼图

明　蓝瑛　白云红树图　　　明　董其昌　葑泾访古图

明　陈洪绶　花鸟册之十

石出倒聽楓葉下
櫓搖背指菊苍開

清　王时敏　杜甫诗意图册之十

清　王鉴　山水清音图册之二

清　王原祁　仿大痴山水图

清　王翚　仿巨然山水图

珠樹園風偃琪華晾霧開寿平

清　恽寿平　花卉图册之梨花

清　龚贤　挂壁飞泉图

明　朱耷　荷花小鸟图

清　石涛　古木垂荫图　　　　清　弘仁　山水图

清　髡残　溪山秋雨

清　蒋廷锡　蜀葵萱花图

清　郎世宁　花阴双鹤图

清　华嵒　设色鸲鹆双栖图

窝东三祝何三绝盡尘華封是兩峰
總是人情真愛戴去家罷捝主人翁
乾隆之午 板橋鄭燮

清　郑燮　华峰三祝图

雙樹罨幕一庭布列忍草居士旦善
者相合十禮佛種三皆忠生絕非
摹仿乃爲也畫畢又題一詩三薰
三沐開經華囊精進林中妙音長
禮畢小身辟支佛寫時指放五
豪光心出家盦僧畫記

昔年曾見

金若
丁晚
年自
號也
个土
夫曰

清　金农　人物山水图册之二、之五

清　任熊　花卉图屏

清　赵之谦　花卉图屏

清　黄慎　石榴图

清　虚谷　杂画册之十一、之十二

清　蒲华　墨竹图

清　任颐　群仙祝寿

清　吴昌硕　花卉图屏

栖霞嶺下
高高有桃花
只今淵路
略辦尋山
癸巳年
賓虹

20 世纪　黄宾虹　桃花溪图

20 世纪　齐白石　寿酒

20 世纪　林风眠　仕女图

20 世纪　郑午昌　山林逸兴

20 世纪　张大千　嘉藕图

20 世纪　潘天寿　灵岩涧一角图

20 世纪　贺天健　仙霞岭旅行

20 世纪　徐悲鸿　奔腾图

20 世纪　陈半丁　富贵寿考图

江雪飘素练
石壁断空青

20 世纪　陆俨少　杜甫诗意画册百开之一

20 世纪　于非闇　翠微红叶图

20 世纪　吴湖帆　梅景书屋图

20 世纪 李可染 万山遍红

20 世纪　谢稚柳　荷花图

20 世纪 刘海粟 红荷翠羽

20 世纪　钱瘦铁　清奇古怪

20 世纪　傅抱石　湘君湘夫人

山為碧玉簪
水為青羅帶
放孝寫山擅不期與于鄉玉孟瑞
神玉快事也辛巳月晉陵馮超然

20世纪 冯超然 观瀑图

20 世纪　来楚生　芝兰图

20 世纪　丰子恺　两小无嫌猜

20 世纪　江寒汀　甘杞延寿

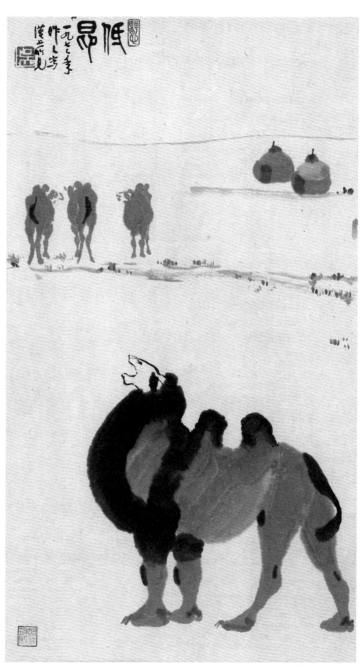

20 世纪　吴作人　骆驼

20 世纪　唐云　秋趣图

渔民干劲大水产庆丰收
一九五八年九月下旬张大壮

20 世纪　张大壮　水产丰收

20 世纪　钱松岩　梦笔生花图

20 世纪　朱屺瞻　山水

20 世纪　关良　戏剧人物

粒粒皆辛苦

一九六〇

辛六月

增先

20 世纪　方增先　粒粒皆辛苦图

20 世纪　蒋兆和　流民图（局部）

20世纪　李苦禅　雄鹰图

20 世纪 陈之佛 鹦鹉图

20 世纪　叶浅予　少女图

20 世纪　陈大羽　雄鸡图

20世纪　陆抑非　一池春水

图书在版编目（ＣＩＰ）数据

中国绘画史 / 徐建融著. -- 杭州 ：浙江人民美术
出版社，2018.12
ISBN 978-7-5340-7074-7

Ⅰ．①中… Ⅱ．①徐… Ⅲ．①绘画史－中国 Ⅳ.
①J209.2

中国版本图书馆CIP数据核字(2018)第223177号

特约策划：王叔重　　陈含素
策划编辑：屈笃仕
责任编辑：杨　晶
文字编辑：傅笛扬　　谢沈佳
责任校对：余雅汝
装帧设计：一十设计工作室
责任印制：陈柏荣

中国绘画史

徐建融　著

出版发行	浙江人民美术出版社
地　　址	杭州市体育场路347号
电　　话	0571-85176089
网　　址	http://mss.zjcb.com
经　　销	全国各地新华书店
制　　版	浙江时代出版服务有限公司
印　　刷	浙江海虹彩色印务有限公司
开　　本	889mm×1194mm　1/32
印　　张	9.625
字　　数	138千字
版　　次	2018年12月第1版·第1次印刷
书　　号	ISBN 978-7-5340-7074-7
定　　价	55.00元

如发现印装质量问题，影响阅读，请与本社市场营销部联系调换。